Uma das primeiras ligações que faço em momentos de dificuldades é para Tom Ziglar. Além de ser incrivelmente positivo, ele é incrivelmente prático, e sempre encerro a conversa renovado, revigorado e recalibrado para o sucesso. Isso é o que mais gosto em seu novo livro. Parece um telefonema para um amigo sábio e atencioso. Abra um exemplar, e saberá imediatamente o que quero dizer!

— **Jon Acuff**, autor de *Trilhas sonoras da mente: a surpreendente solução para quem está cansado de pensar demais*, best-seller do *New York Times*

Sabedoria atemporal para uma nova era. Mais uma vez, Tom Ziglar nos mostra o que realmente importa.

— **Seth Godin,** autor de *A prática*

Michael Hyatt & Co. trabalha em casa há uma década, e Tom Ziglar está absolutamente certo: o trabalho remoto veio para ficar. Este livro é um projeto para manter o engajamento e a produtividade durante a transição do escritório para casa, e vice-versa. Recomendo!

— **Michael Hyatt**, best-seller do *Wall Street Journal* e coautor de *The Vision Driven Leader*

Se você não estiver crescendo, estará morrendo. Neste livro, Tom apresenta dez virtudes transformadoras para aumentar a liderança e ajudá-lo a se manter relevante em tempos de mudanças e desafios.

— **Dave Ramsey**, autor best-seller e apresentador de rádio

Liderança e legado devem ser vividos. Os acontecimentos atuais, as incertezas e as experiências de vida estão sempre em mutação. A Ziglar Inc. e Tom Ziglar conseguiram mais uma vez: fundamentado em virtudes atemporais, produziram um mapa atualizado para o sucesso pessoal e profissional — um roteiro para se viver um legado.

— **Aaron Alejandro**, diretor executivo da Texas FFA Foundation

Zig Ziglar escreveu *Born to Win*, um sucesso de vendas! Hoje seu filho, Tom Ziglar, escreveu o livro que nasceu para escrever. *10 virtudes de liderança em tempos disruptivos* contém novas e chocantes soluções para alguns desafios que atormentam o mundo empresarial há décadas. A América corporativa ansiava por este livro.

— **Andy Andrews**, autor de *A viagem da sabedoria* e *O mensageiro*, best-sellers do *New York Times*, e fundador da WisdomHarbour.com

Liderança coaching é a chave para desbloquear o melhor desempenho da equipe. Este livro de Tom Ziglar combina tudo que é crucial: o QUEM e o COMO necessários para mudar o jogo.

— **Bob Beaudine**, CEO, autor e palestrante

Tom Ziglar acertou em cheio com este livro, e no momento perfeito! Ele faz um trabalho magistral ao responder às perguntas que todos os líderes querem saber: o que mudou na força de trabalho? Por que mudou? E, mais importante, como conduzir minha equipe a grandes alturas em meio a esta nova norma disruptiva? O jogo mudou para sempre. Ziglar ensina como transformar os desafios à liderança de hoje em novas oportunidades oferecendo uma visão panorâmica do que a equipe (funcionários) está pensando e do que os atrai e os motiva nestes tempos incertos e mostrando por que este momento da história é absolutamente o melhor para ser um líder coach excepcional.

— **Billy Cox**, autor, palestrante e estrategista empresarial

Sabemos o que é preciso para alcançar a excelência e que há nela infinitas possibilidades. O livro de Tom Ziglar é sobre encontrar excelência em meio aos tempos turbulentos.

— **Casey Cunningham**, CEO e fundador da XINNIX

Perfeito para um momento como este. *10 Virtudes de liderança em tempos disruptivos* aborda profundamente estes tempos desafiadores a que todos nos acostumamos demais nos últimos meses. Este livro pontual oferece habilidades e aplicações práticas a serem desenvolvidas para formar os tão necessários líderes coaches. Uma vez equipados, eles irão servir, apoiar e formar outras pessoas de seu círculo de influência em tempos disruptivos.

— **M. Kevin Davis**, empresário, palestrante, coach e instrutor

O objetivo de Tom sempre foi melhorar a vida dos que lutam. Para os que estão indo bem, ele tem um jeito único de despertar o melhor deles, a fim de levá-los para o próximo nível! Sua última obra-prima é um testemunho inspirador de como ele realiza e demonstra sua metodologia exclusiva, pela qual delineia de forma concisa os mecanismos essenciais necessários para elevar as pessoas e transformá-las nos líderes que nasceram para ser. Bons líderes se desafiam a cada dia, e para quem deseja abraçar esses desafios, este livro é leitura obrigatória.

— **Bryan Dodge**

De alguma forma, a mensagem do Ziglar consegue ser ao mesmo tempo atemporal e relevante para um ambiente empresarial em rápida mudança. Não hesite em comprar este livro para todos os líderes que você conhece.

— **Chris Guillebeau**, autor de *The Money Tree* e *A Startup de $100*

Depois que terminei de ler o primeiro livro de Tom, *Choose to Win*, senti-me transformado. Quando ele mencionou o lançamento do novo livro, pensei: "Como poderia superá-lo?". E ele conseguiu! Fui coach no mundo dos esportes e no dos negócios por mais de quarenta anos. Sei que a vitória que acontece sob as luzes nas noites de sexta-feira é resultado direto da habilidade do coach em lidar com o caos de segunda até quinta-feira. *10 Virtudes de liderança em tempos disruptivos* apresenta a fórmula vencedora para construir e manter relacionamentos positivos, que todo líder coach procura. Sei que é um clichê de um velho coach, mas nem por isso deixa de ser verdade: este livro é um divisor de águas!

— **Dr. Nate Hearne**, presidente e fundador da Euless Loaves and Fishes Foundation

Que ótima leitura com informações sólidas! Este livro é um manual oportuno e muito necessário para uma transição suave do ambiente do escritório tradicional pré-pandêmico para as novas opções dinâmicas exigidas pelo trabalho remoto.

— **Tom Hopkins**, autor de *How to Master the Art of Selling* e *When Buyers Say No*

Este livro é a arma secreta que todo líder ousado e flexível precisa neste nosso ambiente de mudanças exponenciais.

— **Dr. Benjamin Hardy**, psicólogo organizacional e coautor do best-seller *Who Not How*

O que mais gostei neste livro foi do compromisso e da consistência de Tom com relação às virtudes e aos valores necessários para alcançar a excelência na liderança.

— **David Mattson**, autor e CEO da Sandler Training

Nesta era de mudanças rápidas e implacáveis, é reconfortante saber que os elementos mais importantes do sucesso pessoal e empresarial não mudaram. Essas dez virtudes dos grandes líderes nos lembram que a forma como lideramos a nós mesmos refletirá em nossa eficácia em liderar os outros.

— **Dan Miller**, autor de *48 Days to the Work You Love* e apresentador do podcast 48 Days

Com o caos dos dias de hoje e o alcance avassalador da mídia, a cultura está se afogando em confusão e em dúvidas. Nunca fontes e pessoas confiáveis foram tão desejadas como agora. Neste livro, Tom nos traz de volta à verdade e à oportunidade. Com habilidade, ele elabora uma lista do que você reconhecerá como "a coisa certa a fazer", revela que é a forma mais lucrativa e explica por quê. Para mim, é uma questão fundamental, uma vez que a maioria dos livros sobre liderança são sintomáticos. Não o leia, apenas. Estude-o e faça com que a sabedoria nele contida penetre em você.

— **KevinMiller.co**, renomado comunicador, com 52 milhões de downloads e contando, podcast Motive, podcast True Life e Ziglar Show

Fato: ou a dificuldade leva à mudança ou a mudança pode levar à dificuldade. Este livro poderoso de Tom Ziglar mostra como aproveitar a onda de dificuldades para obter maior impacto à medida que passamos por mudanças.

— **Michael Norton**, CEO e fundador da Tramazing

Quando Tom Ziglar fala, eu o escuto. E, quando ele escreve, leio sua obra. Tom possui o raro dom de combinar lindamente as percepções de seu pai com a sabedoria das gerações de maneira prática, que enaltece a forma como lideramos, vivemos e impactamos nosso mundo hoje. Em seu livro mais recente, ele oferece percepções transformadoras não só para lidar com as complexidades do mundo em que vivemos, mas também para mostrar que, ao abraçá-las com eficácia, mudaremos não apenas nosso mundo pessoal, mas o próprio mundo em si. Leia este livro.

— **John O'Leary**, autor de *On Fire*, best-seller número um do país, e apresentador do podcast Live Inspired

O líder que utiliza um estilo de liderança coaching será muito mais eficaz que qualquer um que adote outro estilo. E qualquer líder que pratique as dez virtudes descritas neste livro será muito mais eficaz ao liderar sua equipe.

— **Howard Partridge**, coach de comércio exterior e coach exclusivo da Ziglar para pequenas empresas

Tom Ziglar oferece um guia oportuno que irá inspirar, orientar e ensinar líderes a melhorar o jogo da liderança. *10 virtudes de liderança em tempos disruptivos* ensina os líderes a enfrentar desafios, a gerenciar mudanças e a equipar a próxima geração para um crescimento explosivo.

— **Skip Prichard**, presidente e CEO da OCLC, Inc.; autor de *The Book of Mistakes: 9 Secrets to Creating a Successful Future*, best-seller do *Wall Street Journal*

Este livro é maravilhoso, reflexivo e repleto de grandes ideias e percepções que desbloqueiam rapidamente a habilidade interior para definir e atingir metas empresariais. Você aprende as habilidades de liderança essenciais de que precisa para liberar o potencial de cada pessoa e obter mais dos resultados essenciais para a empresa.

— **Brian Tracy**, palestrante, autor, consultor

Tom Ziglar acerta em cheio com este livro oportuno e de leitura obrigatória. Ao internalizar e viver essas dez virtudes fundamentais, os autênticos líderes coaches maximizam produtividade e resiliência em suas equipes por inspiração, não por intimidação. Um poderoso farol em um mar tempestuoso em constante mudança!

— **Denis Waitley**, autor de *The New Psychology of Winning*

Que sopro de ar fresco, tão necessário, Tom Ziglar traz sobre o mercado com seu novo livro! Ele chega ao cerne do que seja uma liderança autêntica, preocupado e se comunicando com as pessoas para obter resultados individuais e coletivos! A transformação será possível se forem aplicados os princípios comprovados que Tom compartilha neste livro!

— **Kyle Wilson**, fundador da KyleWilson.com e da Jim Rohn Internacional; autor de *Sucess Habits of Super Achievers*

O novo livro de Tom é o impulso perfeito de que os empresários estão precisando. Não poderíamos ter previsto este cenário nem mesmo três anos atrás, mas a Ziglar Corporation, como sempre, está lá nos conduzindo com integridade nesta nova era de negócios, relacionamentos e legado.

— **Carrie Wilkerson**, autora,
palestrante e consultora empresarial

Atual e convincente! Tom Ziglar faz um trabalho magistral ao comunicar a importância da liderança compassiva e intencional, especialmente relevante neste momento, em que os líderes organizacionais têm dificuldade para reengajar as equipes no ambiente pós-pandêmico. Os problemas de retorno ao trabalho são onipresentes agora. Recai sobre o líder a responsabilidade de vislumbrar um futuro positivo em constante mudança e de liberar o potencial de desempenho de cada indivíduo na equipe. O livro *10 virtudes de Liderança* o ajudará nessa trajetória.

— **Dr. Eli Jone**s, líder de pensamento acadêmico,
autor e palestrante

10 virtudes *de* liderança *em* tempos DISRUPTIVOS

Vida
Editora Vida
Rua Conde de Sarzedas, 246 — Liberdade
CEP 01512-070 — São Paulo, sp
Tel.: 0 xx 11 2618 7000
atendimento@editoravida.com.br
www.editoravida.com.br
@editora_vida /editoravida

Editora responsável: Sarah Lucchini
Tradução: Marsely Dantas
Revisão de tradução e padronização: Judson Canto
Revisão de provas: Eliane Viza e Bárbara Mari Bie
Coordenação de design gráfico: Claudia Fatel Lino
Projeto gráfico, diagramação e capa (adaptação): Vanessa S. Marine

Todas as citações bíblicas e de terceiros foram adaptadas segundo o Acordo Ortográfico da Língua Portuguesa, assinado em 1990, em vigor desde janeiro de 2009.

■

As opiniões expressas nesta obra refletem o ponto de vista de seus autores e não são necessariamente equivalentes às da Editora Vida ou de sua equipe editorial.

Os nomes das pessoas citadas na obra foram alterados nos casos em que poderia surgir alguma situação embaraçosa.

Todos os grifos são do autor, exceto os indicados.

1ª edição: ago. 2024

Dados Internacionais de Catalogação na Publicação (CIP)
(Câmara Brasileira do Livro, SP, Brasil)

Ziglar, Tom
10 virtudes de liderança em tempos disruptivos: treinando a equipe em tempos de imensa mudança e desafio / Tom Ziglar ; tradução Marsely Dantas. – 1. ed. – São Paulo: Editora Vida, 2024.

Título original: *10 leadership virtues for disruptive times.*
ISBN 978-65-5584-526-6

1. Comunicação nas organizações 2. Liderança 3. Mudança organizacional - Administração 4. Mudança organizacional - Planejamento 5. Trabalho - Aspectos religiosos - Cristianismo 6. Virtudes I. Título.

24-213792 CDD-158.4

Índice para catálogo sistemático:
1. Liderança : Adversidade : Psicologia aplicada 158.4
Aline Graziele Benitez - Bibliotecária - CRB-1/3129

10 virtudes *de* liderança *em* tempos DISRUPTIVOS

Treinando a equipe em tempos de imensa mudança e desafio

Tom Ziglar

Vida

SUMÁRIO

PREFÁCIO

Sou um enorme fã de Tom Ziglar e estou muito feliz por ele ter mantido a tradição familiar de ser um grande porta-voz da liderança humanizada, que é o coração de seu novo livro, *10 virtudes de liderança em tempos disruptivos: treinando a equipe em tempos de imensa mudança e desafio.*

Os dois primeiros capítulos do livro enfocam as disrupções enfrentadas por organizações em todo o mundo, devido à pandemia e às rápidas mudanças na tecnologia. Essas disrupções levaram a mudanças significativas nos valores humanos e nas prioridades. Muita gente, cujo foco principal era o trabalho e a carreira, agora passou a priorizar a qualidade de vida, inclusive a flexibilidade do trabalho remoto. Na verdade, há um número crescente de pessoas que, motivadas por questões de equilíbrio entre a vida profissional e a pessoal, pediram demissão ao descobrir que o empregador não adota os mesmos valores. Como resultado, líderes de organizações veem-se obrigados a se adaptar rapidamente no gerenciamento de equipes híbridas de trabalho. O maior desafio nos negócios hoje é atrair, engajar e manter profissionais de alto desempenho.

Concordo com Tom em que as respostas a esse desafio são encontradas em seus conceitos sobre liderança coach. Um líder coach lidera, valoriza e vive as dez virtudes de liderança de Tom, que são baseadas em minha passagem bíblica favorita: 1Coríntios 13. Essas virtudes também são as principais características de um líder-servo.

Os capítulos de 3 a 12 detalham cada uma das dez virtudes e mostram como podem ser aplicadas à sua busca por se tornar um líder coach. Em cada capítulo, as histórias, os exemplos e as questões do estudo pessoal irão ajudá-lo a entender melhor essas virtudes e a implantá-las efetivamente ao seu estilo de liderança.

O capítulo 13 discute os conceitos de amor, vulnerabilidade e legado, nutrientes para o pensamento que o ajudarão a crescer como líder coach. A seção dos apêndices oferece algumas ferramentas valiosas: etapas detalhadas para ajudá-lo a se tornar um líder coach, uma planilha de conversa coaching com um roteiro de amostra e uma introdução ao modelo DISC.

Leia *10 virtudes de liderança em tempos disruptivos* e aplique as estratégias nele contidas. Ser um líder coach e inspirar seus liderados a fazer o mesmo exercerão uma diferença positiva em sua vida e na vida dos que estão em casa, no trabalho e na comunidade.

Ken Blanchard
Chefe do Gabinete Espiritual da Ken Blanchard Companies
Coautor de O gerente minuto e Liderança de alto nível

CAPÍTULO 1

TUDO MUDOU

A vacina da disrupção

Os relatórios vinham chegando há vários meses. A China estava lutando contra um vírus que se espalhava. A Itália tornou-se um foco, e as notícias começaram a se espalhar. Casos começaram a aparecer nos Estados Unidos. A pandemia de covid-19 chegou, e o mundo entrou em confinamento. Subitamente, tudo mudou.

Restaurantes fechados, ruas vazias e funcionários de escritórios enviados para casa. Hotéis, companhias aéreas, ligas esportivas profissionais, igrejas e qualquer tipo de empresa que exigia uma reunião pessoal de repente estavam em situação de risco e mudaram fundamentalmente. Disrupção, desafio e mudança chegaram e causaram impacto a todas as áreas de nossa vida.

Mudança de eixo

Trabalhar em casa e fazer reuniões no Zoom tornou-se o novo modo de vida para milhões de pessoas. Preocupação, ansiedade e depressão agora eram os temas de discussão nos noticiários e em todos os locais de trabalho. A saúde mental e o bem-estar rapidamente se tornaram a questão número um dos executivos de RH das grandes empresas. Os executivos de TI começaram a mudar o eixo e a investir em infraestrutura e em tecnologia para facilitar o trabalho dos funcionários em casa.

Então algo estranho aconteceu: a produtividade aumentou para quem conseguia executar o trabalho em casa. As horas de trabalho reais aumentaram, devido à economia com o tempo de deslocamento. Expedientes flexíveis substituíram os horários rígidos de trabalho. Fazer as coisas acontecerem passou a ser mais importante que realizar tarefas na sede da empresa.

O equilíbrio entre a vida pessoal e a profissional assumiu um novo significado. Tornou-se comum gerenciar crianças em segundo plano ou ajudar os filhos na lição de casa durante reuniões on-line com clientes. Algumas empresas e pessoas prosperaram. Outras, no entanto, enfrentaram reais dificuldades. Com o tempo, cada vez mais pessoas se estabeleceram e se adaptaram às mudanças. Uma pesquisa de janeiro de 2021 da PwC revelou que mais da metade dos funcionários gostariam de trabalhar em casa pelo menos três dias por semana.

O advento da pandemia de covid-19 de 2020 a 2021 mudou para sempre a forma de trabalhar. Acredito que quem abraçou essa mudança perceberá que as oportunidades para crescer e fazer a diferença nunca foram melhores. E ainda há mais por vir.

Primeiro exemplo: o carro voador

Em janeiro de 2021, a Cadillac anunciou que estava desenvolvendo um carro voador com:

- inteligência artificial (IA), que substitui a necessidade de um piloto;
- conexão sem fio 5G com velocidade suficiente para manter a IA do carro atualizada;
- computação super-rápida capaz de processar milhões de bits de informação;
- tecnologia de bateria energeticamente leve e eficaz;
- integração à prova de falhas — por exemplo, cada motor ou lâmina rotativa alimentados por uma bateria própria.

Segundo exemplo: sua vida em realidade virtual (RV)

Imagine uma reunião na qual, em vez de logar no Zoom, você diz: "Participar da reunião de equipe", e na mesma hora visualiza em suas lentes de contato uma sala de conferência com todo o grupo. A tecnologia é tão boa que você nem percebe se está sentado a uma mesa de conferência real ou virtual. A computação quântica e a IA tornam isso possível. Já se constatou que a computação quântica pode ser 100 *trilhões* de vezes mais rápida que a computação regular. É possível ver cada expressão, cada corpo em movimento, tudo que se veria em uma reunião presencial. Você também apreciará o fato de economizar uma hora por dia em deslocamentos e de viver em um lugar com acesso a trilhas para caminhada que começam em seu quintal.

Quando a reunião acaba, você encerra a chamada e avisa o carro que estará pronto em cinco minutos para se encontrar com amigos para uma caminhada rápida em sua trilha favorita. Com a precisão de um relógio, o carro sem motorista estaciona na sua porta da frente. Você fecha o escritório (ou academia), criado e construído por uma impressora 3D no que antes era sua garagem, pois não precisa mais de garagem, uma vez que não possui carro — a assinatura de um veículo custa muito menos que ser proprietário de um, com base no fato de que seu carro permanece parado e sem uso 85% por cento do tempo.

O local da caminhada fica a dez minutos de distância, e um dispositivo preso ao corpo (talvez você já tenha um Apple Watch) avisa que todos estarão lá na hora combinada. Então, você termina de enviar alguns e-mails na estação pop-up de trabalho do carro, que o reconhece automaticamente e lhe dá acesso a tudo por meio da validação biométrica.

A caminhada e a conversa são fantásticas, e você é informado instantaneamente sobre a queima de calorias e a rotina de exercícios recomendada depois que voltar para casa, a fim de que todos os seus músculos obtenham a quantidade adequada de exercício para o dia. Terminada a conversa com os amigos, você chama o carro, que aparece dois minutos depois e o leva para casa.

No caminho de casa, o dispositivo preso ao corpo envia uma mensagem sobre sua saúde. Algo em seus números parece não estar certo, e o sistema sugere uma rápida consulta virtual com um médico. Você concorda, e a consulta é marcada para vinte minutos depois. Você chega em casa, bebe um pouco de água, vai para o escritório e coloca o fone de ouvido de realidade virtual. Em trinta segundos, o médico liga e, com base nos dados coletados pelo dispositivo em seu corpo, que monitora constantemente mais de cem funções corporais diferentes, ele recomenda alguns testes após analisar a revisão da AI. Você concorda, pois a AI e o monitoramento constante aumentaram drasticamente a expectativa de vida e o tempo de recuperação nos últimos anos.

Em uma hora, o drone Amazon Prime Health (APH) deixa o kit de teste na sua porta. Você fornece as amostras de sangue e urina e depois envia uma mensagem ao APH informando que as amostras estão na caixa de coleta segura diante de sua casa. Cinco minutos depois, os exames estão a caminho do laboratório, e uma hora depois a prescrição personalizada com base em seu DNA é enviada por drone à sua residência, pois os resultados do laboratório foram processados. Mais uma vez, você agradece por não precisar mais ter sintomas para saber que irá pegar um resfriado ou uma gripe nas próximas vinte e quatro horas e por ficar bem antes mesmo de se sentir mal.

Agora é hora de voltar ao trabalho. Você tem uma equipe para liderar e é grato ao perceber que cada membro da equipe tem a mesma configuração e os mesmos recursos que você e que cada um vive onde quer. Você coloca o fone de realidade virtual e entra no escritório virtual. A vista do escritório é incrível! Pela janela, é possível ver a montanha com todas as trilhas que você adora fazer. Você praticamente caminha até o escritório de Lisa para uma conversa rápida sobre um projeto. O escritório dela também tem uma vista notável, a praia da Carolina do Sul em que ela morava na infância.

Computação quântica, realidade virtual, 5G e até realidade aumentada (RA) reduzem custos, economizam muito tempo e aumentam o desempenho.[1]

---

[1] Muitas dessas ideias do futuro foram extraídas de Scott Galloway, **Depois do Corona: da crise à Oportunidade** (Rio de Janeiro: Alta Books, 2021), e de Peter H. Diamandis e Steven Kotler, **O futuro é mais rápido do que você pensa** (Rio de Janeiro: Objetiva, 2021). A coisa mais impressionante que aprendi é a seguinte: essas tendências, boas e más, aceleraram em dez anos por causa da pandemia. Isso inclui telemedicina, trabalho remoto e compras on-line. Mas a taxa de aceitação e adoção é arrebatadora.

Parece loucura? Pode demorar alguns anos e talvez pareça diferente do que é descrito aqui, mas saiba de uma coisa: você pode escolher a forma como abraça tudo isso. Os que abraçam a mudança são os que criarão o futuro, serão úteis ao seu pessoal e resolverão os problemas da melhor forma possível.

Se algum dos itens a seguir tem afetado sua vida, então o futuro já chegou para você:

- Dezenas de milhares de empresas e milhões de pessoas descobriram que podem trabalhar em casa.
- Milhões de pessoas aprenderam a usar o Zoom e outras tecnologias para realizar reuniões on-line e webinars de treinamento.
- Milhões de escritórios domésticos criados em quaisquer cômodos podem ser facilmente convertidos em estúdios de Zoom improvisados.
- A montanha-russa de mudanças aceleradas e de paradas repentinas para os negócios habituais criou uma força de trabalho remota ansiosa, atordoada, isolada e saudosa de uma conexão real. Hoje o termo "força de trabalho mista" indica uma composição de trabalhadores tradicionais, que atuam de forma presencial, trabalhadores que atuam de forma presencial duas a três vezes por semana e trabalhadores remotos em tempo integral.

O que fazer agora?

Não é o que acontece com você que determina até onde você irá na vida: é como você lida com o que acontece com você.

— Zig Ziglar

Agora que saímos da pandemia e nos preparamos para quaisquer ventos de mudança e de desafio que possam vir, podemos ter certeza sobre o seguinte:

- Aprenderemos e cresceremos com os desafios futuros.
- Os negócios nunca mais serão feitos da mesma forma.
- Sempre teremos uma escolha: guardar tudo e ir para casa ou tomar a iniciativa e criar um mundo melhor.

Ao longo da história, deparamos com novas questões toda vez que passamos por uma grande mudança social. Por exemplo, no final da Primeira Guerra Mundial, os planejadores do governo dos Estados Unidos detectaram um problema em potencial. Milhões de americanos deixaram suas fazendas e se mudaram para as cidades em resposta a novas oportunidades relacionadas com o esforço de guerra. Esse deslocamento da população deixou o país exposto à devastação causada por uma possível fome.

Os planejadores concentraram-se na seguinte questão: "Como podemos ter certeza de que há comida suficiente para todos?". A resposta foi incentivar os agricultores a plantar mais subsidiando um preço mínimo. A ética de trabalho do agricultor norte-americano, combinada com a tecnologia e com a ciência, resultou em aumentos maciços na produção agrícola.

O governo comprou o excesso e o armazenou em reservas. Logo ficou claro que não seria possível armazenar tudo, então a política pública foi procurar outras soluções, como aumentar o consumo e encontrar outros usos para as colheitas abundantes. Isso levou à pirâmide alimentar, uma mudança na dieta americana: o gado alimentado com milho, desenvolvimento de usos para o xarope de milho e uso do etanol como fonte de combustível.

A questão de se garantir a disponibilidade de alimentos foi multiplicada por políticas públicas que acabaram levando à atual crise de obesidade. E se a pergunta original tivesse sido: "Como garantir que todos estejam saudáveis?". Perguntas certas levam a respostas corretas.

Estamos enfrentando hoje uma mudança radical semelhante na forma de ponderar sobre a liderança. Entretanto, em vez de perguntar: "Como iremos liderar durante um período de crise?", devemos começar com uma pergunta diferente: "Qual o propósito da liderança?".

Assim que entendemos o propósito da liderança e percebemos que a disrupção é inevitável, podemos nos preparar para ela. Em vez de ficar chocado, o líder coach a abraça e prospera a partir dela, concentrado no que nunca muda, ou seja, as dez virtudes que fortalecem um líder:

1. Gentileza
2. Altruísmo
3. Respeito
4. Humildade
5. Autocontrole
6. Positividade
7. Busca pelo melhor
8. Ser luz
9. Nunca desistir
10. Permanecer firme

Os líderes precisam dessas virtudes imutáveis para abraçar e maximizar a disrupção, os desafios e as mudanças que surgem a todo momento e se aproximam de nós em um ritmo cada vez mais acelerado. Essas virtudes são a base para uma liderança capaz de mudar o jogo. São a base dos líderes coaches. Eles sabem que sua responsabilidade é encorajar, equipar e apoiar os membros individuais da equipe para que possam se tornar líderes eficazes capazes de mudar o jogo. Nem todo mundo tem o título de líder, mas todos têm a capacidade e a responsabilidade de liderar a partir de qualquer função que desempenhem na equipe.

As dez virtudes preenchem a lacuna

Imagine uma ponte sobre um abismo. Como líder, sua responsabilidade é ajudar a construir uma ponte para sua equipe, que atravesse a lacuna entre a dor que sentem ao buscar os objetivos pessoais e a visão da empresa. Quando a disrupção surge, a dor se intensifica e acaba por desviar a atenção da visão e ampliar a lacuna entre esta e a dor.

Quando ocorre a disrupção, as dez virtudes são essenciais para fazer a ponte entre a visão e a dor! A maneira como você vive as dez virtudes irá determinar se é possível preencher a lacuna e alcançar a visão da organização, e com que rapidez. As virtudes permitem que você faça as coisas certas, da maneira certa. Se não estiverem presentes, você conseguirá, na melhor das hipóteses, fazer algumas coisas certas, mas da maneira errada. Ao construir a ponte sobre a disrupção, é preciso usar os materiais certos ou ela irá corroer a ponte, que durará pouco tempo. As dez virtudes, no entanto, são à prova de corrosão.

As dez virtudes são a chave para se tornar um líder coach que vê:

- o futuro;
- as oportunidades disfarçadas de problemas;
- o potencial de cada pessoa;
- quem precisamos nos tornar para criar o futuro que queremos;
- o que precisa ser feito agora.

Os líderes coaches ajudam a equipe a entender que o verdadeiro desempenho é a realização ideal de uma meta, de uma aspiração ou de um objetivo que beneficie a todos.

Como *você* está liderando, motivando, fazendo crescer, ajudando no desenvolvimento e inspirando seu pessoal que trabalha em locais diferentes? A existência da sua empresa depende de continuar a melhorar suas habilidades como líder em um ambiente em constante mudança. Como conseguirá manter um bom grupo entusiasmado por trabalhar para você e para sua empresa diante de tantas oportunidades tentadoras de trabalhar com outras pessoas sem sair de casa? A melhor maneira de fazer isso é aprender e ativar o poder das dez virtudes.

Nós criamos o futuro que enxergamos

Grande parte do papel de um líder coach é ajudar seu pessoal a enxergar o futuro. Isso significa pintar uma imagem vívida do direcionamento da empresa e de como os funcionários são parte importante desse futuro. Também significa manter um relacionamento forte com cada um deles e entender suas metas e sonhos individuais para ajudá-los a enxergar esse futuro também. Aqueles com quem trabalha o ajudarão a criar o futuro que descortinou para eles se perceberem que você vive essas dez virtudes e souberem de sua luta diária por criar um futuro melhor para os negócios e para eles.

O urso na floresta

Dois homens haviam acabado de encerrar um dia longo e difícil de caminhada no deserto e estavam de volta ao acampamento. Assim que tiraram as botas, um urso pardo invadiu o local.

O primeiro caminhante disse:

— Corra! Aquele urso vai nos comer!

Ele olhou para o segundo caminhante e o viu acabar de calçar as botas outra vez.

— O que está fazendo?! Temos de correr! Aquele urso vai nos comer!

O segundo alpinista retrucou:

— Não preciso fugir do urso. Só preciso correr mais que você!

Para nossos propósitos, o urso é a nova realidade empresarial de hoje.

Os que fogem do urso sobrevivem e acabam prosperando em tempos de imensas mudanças e desafios. Eles também são os que se adaptam às novas realidades empresariais.

O líder autoritário, que atua de cima para baixo, hierárquico, diplomado, de mentalidade fixa e que impõe a postura "faça porque eu mandei" está perfeitamente preparado para um mundo que não existe mais.

Enquanto os locutores gritavam uns com os outros no noticiário, os especialistas autoproclamados formadores de opinião nas mídias sociais postavam ofensas e os políticos disseminavam uma retórica cada vez mais egoísta, divergente e absurda, o resto do mundo fazia as perguntas que realmente importavam:

- Em quem posso confiar?
- Como sustento minha família?
- O que vem a seguir?
- O que faço agora?
- Estou cumprindo meu propósito?
- E se houver um jeito melhor de ganhar a vida e de vivê-la com propósito intencionalmente?

Fazer essas perguntas ajuda a perceber as algemas de ouro que o prendem a determinada situação, pois o custo da liberdade é muito alto. Libertar-se significa perder um grande bônus, um excelente salário, ações da empresa e outros benefícios. Nas últimas décadas, milhões de empregados se sentiam muito confortáveis com suas algemas. Com contas a pagar e uma progressão lenta, mas constante, na carreira e com uma falsa sensação de segurança no emprego, as algemas os mantinham em um trabalho não tão satisfatório e de fraca conexão com seus dons, talentos e verdadeiro propósito.

Hoje as algemas foram retiradas. A realidade de um mundo sem segurança no trabalho e sem tempo para pensar no que realmente importa resultou em um novo paradigma, que milhões já adotaram. As pessoas procuram líderes que entendem a importância do propósito, da realização pessoal e da qualidade de vida como prioridades e necessidades, não como coisas a serem obtidas no decorrer do tempo.

Questão de liderança: qualidade de vida é o mesmo que qualidade de trabalho?

Várias tendências inovadoras foram desencadeadas pela pandemia e chamaram a atenção para o equilíbrio entre a vida profissional subjacente ao desempenho de tantos funcionários, inclusive:

- pessoas que se mudam para lugares por causa do estilo de vida, não por ser a sede da empresa;
- grandes empresas adotando o trabalho remoto;
- 60 milhões de horas de deslocamento a menos por dia;
- grandes empresas reduzindo significativamente a gestão comercial imobiliária e reconsiderando o local dos escritórios — de centros de alto custo para os subúrbios, onde vivem os funcionários;
- mais tempo com a família;
- melhor pegada ecológica;
- economia nos custos para trabalhadores remotos e empregadores;
- base maior de trabalhadores e de empregadores;
- horários híbridos de trabalho no escritório — um a três dias por semana, em vez de tempo integral.

Os líderes coaches que se concentram nas dez virtudes reconhecem e apoiam a qualidade de vida que a equipe precisa para produzir a qualidade de trabalho necessária ao sucesso da empresa no longo prazo.

Este livro fala de reinventar, por necessidade, a forma como lideramos e desenvolvemos o coração e a alma de nossos negócios, ou seja, das pessoas que trabalham conosco.

Este livro fala de identificar, esclarecer e compartilhar o propósito dos negócios com nosso pessoal, a fim de que possam cumprir os próprios propósitos na vida e ajudar a empresa a atingir seu propósito.

Este livro visa equipá-lo a liberar não apenas o potencial de liderança que você possui, mas também o potencial único de desempenho de cada membro de sua equipe.

CAPÍTULO 2

LÍDERES COACHES CRIAM A ATMOSFERA

Os gerentes do tipo T-Rex têm dificuldade para liderar e o fazem da maneira mais errada possível. Eles lideram pelo poder posicional, pois são manifestadamente dinossauros a serem temidos. Os braços curtos indicam que tudo deve ser observado de perto e nada acontece sem a aprovação deles. A confiança não existe. Se alguém não dá certo, tudo bem: eles irão simplesmente devorá-los e encontrar outra pessoa!

Se você está lendo este livro, não deve ser um líder T-Rex, pois acredita em aprender e em crescer. Você é um líder coach que sabe a diferença entre entre *eu e eu mesmo* e *nós e todo mundo.*

Eu e eu mesmo ou nós e todo mundo?

Você está focado principalmente no que deseja e em desenvolver a si mesmo para que possa cumprir seus objetivos? Ser bem-sucedido como líder é importante para você, porque isso irá fazê-lo feliz, realizado, respeitado, rico e [preencha a lacuna]? Esse foco está relacionado com o conceito de "eu e eu mesmo".

Ou você está focado principalmente em alcançar um propósito maior que você mesmo? Pode ser uma realização da empresa ou uma missão da equipe, uma causa maior que você mesmo. Seu propósito de liderança pode estar focado em equipar, apoiar e atrair o máximo da capacidade da pessoa em cada um dos membros da equipe. Esse foco está relacionado com o conceito de "nós e todo mundo".

Agora, considere as seguintes questões:

- Você consegue criar uma combinação perfeita de liderança entre as duas situações?
- E se o propósito de sua liderança fosse cumprir a missão equipando, apoiando e atraindo as pessoas mais capazes dentre os membros da equipe, tornar isso sua forma automática de pensar, liderar e viver?

Em outras palavras, você alcança seus objetivos e sonhos ajudando outros a alcançar os deles. É isso o que o líder coach faz. Os líderes coaches se desenvolvem para que possam equipar, apoiar e atrair automaticamente a pessoa mais capaz em cada membro da equipe. Os líderes coaches criam uma atmosfera que possibilita a prosperidade da equipe tanto em qualidade de vida quanto em qualidade de trabalho. Pelo modelo intencional e pelo exemplo, eles cultivam o próximo grupo de líderes coaches, o que requer uma conexão real entre os membros da equipe.

O trabalho remoto prospera sob a liderança coach

Na última década, a tendência de liderar as pessoas pelo estilo de gerenciamento tradicional começou a ser substituída pelo estilo coach. Há muitas razões para isso: o trabalho remoto tornou-se mais comum, trabalhadores mais jovens respondem melhor a esse estilo e as pessoas preferem a orientação de um coach ao gerenciamento. Mas a principal razão é que um coach competente obtém melhores resultados que um gerente eficaz, mesmo em um ambiente tradicional de escritório. É por isso que adotar o estilo coach só traz vantagem e nenhuma desvantagem.

Em uma força de trabalho remota, fica evidente a grave deficiência do estilo gerencial, pois não aborda os problemas que uma equipe remota enfrenta no dia a dia.

Pedi a David Wright, nosso coach individual na Ziglar Corporation, que atua há mais de trinta anos, para explicar as diferenças entre o estilo gerencial e o estilo coach.

Ele respondeu que gerenciamento e coaching, embora semelhantes, às vezes são bastante distintos com relação ao foco e à abordagem. Observe a tabela de comparação a seguir:

GERENTE	COACH
Visto como um superior	Visto como um orientador
Delega	Cocria
Diz (comunicação unidirecional)	Pergunta (comunicação bidirecional)
Conduz	Empodera
Segue as regras	Engaja
Resultados	Crescimento

O estilo coach destaca a pessoa mais capaz. Os trabalhadores remotos têm mais liberdade em tudo que fazem, por isso devem ser motivados de dentro para fora. O bom líder coach entende isso e o transforma em algo positivo.

O estilo coach também reconhece a verdade desta citação de Zig Ziglar: "As pessoas não se importam com quanto você sabe até que saibam quanto você se importa... com elas".

Liderar uma equipe remota efetivamente significa construir relacionamentos mais profundos com base no que é importante para os membros.

A atmosfera vem do líder coach

Em meio a tanta disrupção, as equipes — e principalmente os trabalhadores remotos — vivenciam emoções e questionamentos como:

- Incerteza
- Medo
- Apreensão
- Solidão
- Desconexão
- Sobrecarga
- Choque
- Insegurança no emprego ("Terei emprego amanhã?")
- Perda de identidade ("Quem sou eu?")

Agora vamos ponderar sobre o que Zig Ziglar denomina "filtros do *ser*, *fazer* e *ter*". É preciso *ser* o tipo certo de pessoa e *fazer* as coisas certas para *ter* tudo que a vida tem a oferecer. A incerteza do mundo neste momento faz com que as pessoas se sintam como se seu trabalho pudesse desaparecer. Isso põe em risco o que elas *têm*! Elas começam a trilhar um caminho sombrio, em que se perguntam se conseguirão honrar o aluguel, manter a hipoteca em dia, comprar comida e pagar o plano de saúde. Não é uma visão bonita! Esse processo de pensamento cria uma atmosfera incrivelmente sinistra e negativa, que mata o desempenho e muitas vezes se torna uma profecia autorrealizável. Essa crise de identidade representa uma crise nos negócios.

Como você acha que seu pessoal quer se sentir com relação ao trabalho? O líder coach que desenvolveu as dez principais virtudes sabe que o sentimento das pessoas com relação ao trabalho está correlacionado à forma como se sentem quanto à liderança. Elas querem se sentir:

- Respeitadas
- Ouvidas
- Seguras
- Valorizadas
- Conectadas
- Estimadas
- Amadas
- Lideradas
- Incluídas

Os líderes coaches percebem a importância da "conexão com a atmosfera" e concentram-se em saber o que seu pessoal deseja para liderar adequadamente.

Enquanto os gerentes querem resultados e os coaches querem crescimento, podemos usar as lentes do *ser*, *fazer* e *ter* para entender por que os líderes coaches prosperam em momentos de disrupção. Obviamente, os resultados são essenciais para o sucesso da empresa, mas a chave para alcançar esse sucesso depende do foco. Os gerentes focados em resultados sofrem em tempos disruptivos, de desafio e de mudança, pois a dificuldade massiva significa que os resultados obtidos no passado (o *fazer*) não serão obtidos no futuro. Desenvolver habilidades que não importam mais e aprimorar um sistema irrelevante acabam nos deixando para trás e criam insatisfação na equipe, pois o foco está no que produzem, não em quem estão se tornando.

Os líderes coaches entendem que a disrupção é, na verdade, a vantagem competitiva, pois o foco está no crescimento. Como crescer quando as coisas mudam — e elas sempre mudam — para ajustá-las e tirar vantagem da mudança? Os líderes coaches entendem que o crescimento requer ser mais do que você é atualmente. A ênfase está em *ser* a pessoa certa, pois assim o *ter* (resultados) virá naturalmente. A disrupção exige que mudemos nossa maneira de fazer as coisas e, para mudar, o foco da liderança tem de ser o crescimento constante, de modo que cada membro da equipe esteja pronto antes que as mudanças atuais justifiquem a alteração.

Há mais de cinco décadas na Ziglar, pesquisamos e ensinamos as oito coisas que todo mundo deseja na vida:

1. Felicidade
2. Saúde
3. Prosperidade

4. Segurança
5. Amigos
6. Bons relacionamentos familiares
7. Tranquilidade
8. Esperança no futuro

Pense agora nesses oito itens da perspectiva de resultados versus crescimento em sua função de líder coach. Se o sucesso nesses aspectos depender de seu resultado mais recente, então você e sua equipe estarão em uma montanha-russa constante, pois nem toda empresa irá fechar, nem todo projeto será perfeito e nem todo relacionamento ficará livre de tensão, mas o mercado estará em constante mudança.

No entanto, se seu foco for o crescimento e o aprendizado constantes, mesmo em tempos desafiadores você ainda estará indo na direção do sucesso. Se seu principal desejo for ajudar seu pessoal a crescer para que o sucesso no trabalho seja mais fácil e frequente, especialmente em tempos de mudança, você já deu um grande passo para criar uma atmosfera incrível.

O que você tem feito para construir relacionamentos com todos e entre os membros da equipe, independentemente de onde trabalham, a fim de criar a atmosfera correta de trabalho e elevar as forças individuais para maximizar o desempenho?

Leia a pergunta outra vez. É uma questão importante, principalmente se houver membros da equipe em trabalho remoto. Em um ambiente de escritório, você tem o benefício de toneladas de contexto. Conversas no corredor, indícios físicos, brincadeiras, reuniões e tantas outras coisas que não podemos mais dar como certas fazem parte da construção de relações sólidas.

Este é o divisor de águas para o líder: no contexto físico de um ambiente de escritório, seu pessoal, na maioria dos casos, havia conseguido se adaptar ao seu estilo único de gerenciamento. O contexto presencial escondia as fraquezas do gerente tipo T-Rex. No ambiente de escritório, ser muito direto, muito autoritário, muito exigente e mau comunicador eram comportamentos muitas vezes compensados pela linguagem não verbal, prontamente encontrada na interação face a face e por outros membros da equipe que interpretavam suas intenções com relação aos outros.

Já no mundo do trabalhador remoto do Zoom, você, líder coach, terá de adaptar seu estilo para atender às necessidades da equipe, se quiser manter seus funcionários, seu emprego e seu negócio.

Escolha a atmosfera que deseja criar quando se encontrar com os membros da equipe em trabalho remoto. Isso mudará sua atmosfera!

A primeira atmosfera remota

No passado, os trabalhadores remotos eram uma reflexão tardia, muitas vezes esquecidos quando havia oportunidades de crescimento nas empresas. Eles foram meio que deixados de lado. Não estar fisicamente presente para desenvolver relacionamentos importantes, fazer parte dos almoços improvisados com a equipe ou participar de eventos sociais após o expediente limitavam severamente sua eficácia no jogo da política do escritório. Poucas eram as empresas com mais de 5% do pessoal trabalhando remotamente, por isso não havia necessidade de garantir que as políticas e os procedimentos criassem um campo de atuação similar para a progressão da carreira dos trabalhadores remotos.

Trabalhadores remotos, que ficam em casa em tempo integral, e os que comparecem ao escritório por um período menor que a metade da jornada de trabalho precisam ser convidados para participar das reuniões. Isso acontece quando se cria primeiramente uma atmosfera remota, a começar com as políticas e procedimentos da empresa e com a mentalidade estratégica do corpo diretivo. Reuniões da empresa, reconhecimento, políticas, festas e avaliações devem partir da intenção de atender às necessidades dos trabalhadores remotos em primeiro lugar. Com esse procedimento, o trabalhador de escritório tradicional será atendido automaticamente. Um dos principais desafios do trabalhador remoto é a dificuldade em construir relacionamentos fortes, inovação, criatividade e colaboração. Empatia com os trabalhadores remotos, seguida de políticas e procedimentos que reconheçam esses desafios inerentes, é o maior e talvez o mais importante passo para maximizar a produtividade e reduzir os custos da força de trabalho remota para a organização, ao mesmo tempo em que minimiza as dificuldades criadas pelo trabalho remoto.

A atmosfera que você cria para sua equipe está diretamente ligada às virtudes de liderança que você vive. A atmosfera que você cria irá limitar ou liberar o desempenho de sua equipe. Sim, ela de fato se resume a você. A atmosfera correta cria equipes de alto desempenho. Observe três metas que podem ser almejadas:

1. **Todos os membros da equipe incluídos.** Estabeleça a prática de ter pelo menos uma reunião de equipe semanal com todos os presentes. Não deixe ninguém de fora. Seja comunicativo e inclusivo ao extremo.

2. **Todos os membros da equipe ouvidos.** Estabeleça a prática de garantir que todos falem em todas as reuniões. Acompanhe quem falou ou contribuiu para a reunião e quem engajou os silenciosos com perguntas envolventes.
3. **Todos os membros da equipe em um ambiente seguro.** A discussão apaixonada é ótima, mas você não pode permitir que alguém fale demais ou de menos com outra pessoa. O respeito mútuo é fundamental.[1]

Se a equipe é grande, você precisa gerenciar o processo realizando reuniões com todos os membros quando necessário e com grupos menores, que permitem mais aprofundamento.

Considere um pouco da sabedoria bíblica: "Quem sai à guerra precisa de orientação, e com muitos conselheiros se obtém a vitória" (Provérbios 24.6). Quando li essa sabedoria antiga, pensei: "Não seria ótimo poder convocar alguns conselheiros sábios a qualquer momento para obter orientação, especialmente em tempos como esses?". Então mudei a sequência do versículo. E se, como bons líderes, criássemos uma atmosfera de segurança e confiança em nossa equipe, que os deixassem à vontade para falar e dar alguma orientação sábia? Sempre ouvi dizer que as pessoas que fazem o trabalho são as únicas com as respostas, mas para isso é preciso perguntar a elas. Talvez nosso pessoal não esteja dando conselhos porque a atmosfera não é boa. Talvez já estejamos rodeados de sábios conselheiros, e tudo que precisamos é criar uma

[1] DUHIGG, Charles. What Google Learned from Its Quest to Build the Perfect Team. **New York Times**, 6 fev. 2016. Disponível em: <https://www.nytimes.com/2016/02/28/magazine/what-google-learned-from-its -quest-to-build -the-perfect-team.html>.

atmosfera em que os membros da equipe se sintam seguros o suficiente para falar.

Muitas vezes, as disrupções, os desafios e as mudanças em nossa vida profissional podem parecer uma batalha. Se criarmos um ambiente em que todos se sintam incluídos, ouvidos e seguros, criaremos uma equipe de sábios conselheiros, prontos para compartilhar suas ideias, em vez de um grupo de indivíduos tímidos e desengajados.

O processo coaching

Na Ziglar, formamos líderes coaches em um processo contínuo, focado no crescimento do indivíduo e do grupo, que visa descobrir e extrair o potencial de cada membro da equipe, a fim de capacitá-los a fazer escolhas e a estabelecer ações que elevem seu desempenho geral. Observe este modelo que o líder coach pode adotar em sua equipe:

1. **Inspirar.** Dar vida às esperanças, aos sonhos e aos objetivos dos membros da equipe.
2. **Influenciar.** Guiar, formar e modelar a mentalidade e a vontade, incentivando os membros da equipe a fazer escolhas diárias que criem a mudança positiva desejada.
3. **Transmitir.** Conceder ou passar confiança aos membros da equipe para que se levantem todos os dias e façam escolhas positivas.
4. **Apresentar.** Trazer algo novo à tona ou praticar capacitando os membros da equipe à medida que hábitos positivos substituam os negativos e a transformação positiva seja vivenciada.

Qual o poder desse processo? Ele remove a pressão do indivíduo, pois a jornada é focada em escolhas e em mudanças que produzem crescimento e maximizam o potencial.

Como observa David Wright: "Honre o processo, e o processo irá honrá-lo".

À medida que suas habilidades coaching forem se aperfeiçoando, também será preciso entender o poder da personalidade. Entre os testes de personalidade populares disponíveis estão o Myers-Briggs, o Eneagrama e o DISC. Na Ziglar Inc., usamos o método DISC para facilitar a comunicação com aqueles com quem estamos trabalhando e treinando. Ele identifica cada pessoa com um dos quatro perfis de personalidade: dominância, influência, estabilidade e cautela. Em seguida, mostra como se comunicar da maneira pela qual cada perfil prefere ser abordado, pelo uso de palavras e de uma linguagem com muito mais chances de obter reciprocidade. A maneira como você diz o que quer dizer é tão importante quanto o que você realmente diz!

Depois de ter recebido pessoalmente treinamento por Robert Rohm, PhD, no sistema DISC de personalidade, apliquei-o à minha vida pessoal e profissional. Isso permitiu que eu me comunicasse de maneira mais eficaz, especialmente com os que têm um estilo de personalidade diferente.

Sou um S forte no perfil DISC, o que significa que sou relacional e estável. No passado, se você me perguntasse onde eu queria almoçar, eu responderia: "Onde você quiser". Isso parecia bom para mim, mas essa resposta é frustrante para quem se enquadra em outro estilo. Por exemplo, um D forte quer uma resposta, e quer ouvi-la prontamente. Quando um D forte me pergunta onde quero comer, respondo: "Leve-me a um lugar que tenha um bom hambúrguer".

Conhecer os estilos de personalidade das pessoas com quem você trabalha é uma mudança de jogo, porque assim poderá se comunicar intencionalmente com elas, e com a probabilidade de obter uma comunicação mais eficaz. Decidir onde comer é importante, mas não tão importante quanto chegar a um acordo e a um compromisso com cada membro da equipe sobre seus objetivos empresariais. Quando você se comunica de uma forma benéfica para seus liderados, isso muda o envolvimento e a maneira como dão continuidade ao trabalho. É por isso que, como líder coach, acredito que ter uma ferramenta como o DISC em sua caixa de ferramentas de comunicação fará uma enorme diferença quanto a capacidade de liderar e ajudará a equipe a se desenvolver.[2]

Conhecer a personalidade de cada membro da equipe o ajudará a orientá-los rumo aos objetivos. Amo a história do técnico de basquete Doc Rivers, que fez exatamente isso. Rivers é considerado um dos melhores treinadores e comunicadores da NBA. Quando indagado sobre a forma como conseguia motivar jogadores que ganhavam mais dinheiro que ele, Rivers explicou que conversava com cada jogador individualmente e perguntava quais eram seus objetivos para a temporada. Na NBA, todo jogador tem um contrato detalhado sobre composição salarial e bônus baseados em metas específicas, como minutos jogados, pontos por jogo, rebotes, roubadas de bola, bloqueios de arremessos, e assim por diante.

Rivers repassava os objetivos de cada jogador individualmente. Ele os deixava falar e perguntava o que significaria para eles atingir todos os objetivos pessoais. Rivers concluía a

---

[2] Mais informações sobre método DISC disponível em: <www.ZiglarCoachLeadership.com>.

conversa com uma pergunta coaching muito poderosa: "Tudo bem se eu *os* responsabilizar pelos *seus* objetivos?".

Isso é realmente poderoso! Cada membro da equipe se apossa dos próprios objetivos, e o coach simplesmente os responsabiliza por isso.

Que objetivos e motivações pessoais têm os membros de sua equipe? Se você não souber, como poderá ajudá-los?

A conversa do líder coach

Uma das coisas que adoro fazer é ser coach de executivos e de proprietários de empresas para ensiná-los a serem coaches do próprio pessoal. Trabalho com clientes de setores os mais variados, e, como você pode imaginar, quando a pandemia de covid-19 chegou foi muito perturbador para eles e para seu pessoal. Muitas empresas essenciais tiveram de adaptar rapidamente suas práticas e se ajustar em um ambiente muitas vezes tenso, com clientes que, apesar de precisarem de seus serviços, por causa da pandemia também estavam preocupados com segurança e com dinheiro. O exemplo de conversa do líder coach no apêndice C é perfeito, pois mostra como essa abordagem permite enfrentar os desafios da empresa e fazer com que o pessoal cresça e se torne mais capaz. A hora de desenvolver essas habilidades é antes que a disrupção e a mudança aconteçam.

Ao investigar as necessidades empresariais com diferentes proprietários, ficou muito claro que a maioria estava imensamente orgulhosa com a resposta das equipes. Contudo, havia ao mesmo tempo a preocupação com a forma como a covid-19 afetaria a lucratividade no futuro. O desafio de motivar, apoiar e liderar uma equipe em tempos de mudança e disrupção era um grande problema. A maneira como as coisas estavam sendo feitas não funcionaria necessariamente no futuro. A pergunta que ouvi de vários líderes foi: "Como faço para que minha equipe saiba que pode haver algumas mudanças que não serão apreciadas (pela possível diminuição da lucratividade) e ainda assim manter todos engajados e entusiasmados em trabalhar aqui?".

Para começar, em tempos de disrupção é preciso entender que sua equipe já percebeu que está vivendo tempos incertos. Como líder coach, é muito importante saber que a equipe está ciente do placar do jogo.

Esse reconhecimento cria confiança, engajamento e participação nas tomadas de decisões e permite que você, como líder coach, converse com a equipe. Você pode usar o modelo a seguir como um guia para ótimas conversas com seu pessoal.

> Líder coach: Quero que saibam que sou grato e orgulhoso pelo trabalho que todos estão fazendo enquanto nos adaptamos à situação atual. Estamos todos fazendo o possível para enfrentar esses desafios. Para continuar progredindo, estamos buscando maneiras de aumentar nossa produtividade e reduzir nossos custos, para que possamos continuar crescendo e atendendo os clientes, ao mesmo tempo que cuidamos de todos da nossa equipe. Adoraria ouvir suas ideias e sugestões.

A equipe dará sugestões, como escalonamento de horários, para que alguns membros comecem o expediente mais tarde. Isso permitirá atender os clientes à noite sem aumento de horas extras. Essa simples mudança produz mais qualidade de vida, e os membros da equipe poderão passar mais tempo com a família, além da diminuição das despesas gerais, com a redução das horas extras.

Em seguida, o líder coach pode começar a ter conversas individuais intencionais com membros da equipe, usando algumas perguntas coaching específicas e seguindo a Planilha do líder coach (disponível no apêndice B e em www.ZiglarCoachLeadership.com).

Agora, vamos detalhar a conversa do líder coach com os membros da equipe, com base no gráfico que vimos anteriormente.

GERENTE	COACH
Visto como superior	Visto como orientador
Delega	Cocria
Diz (comunicação unidirecional)	Pergunta (comunicação bidirecional)
Conduz	Empodera
Segue as regras	Engaja
Resultados	Crescimento

No exemplo de diálogo do apêndice C, ao longo da conversa o líder coach assume o papel de *orientador*: ajuda John a desvendar e descobrir o que ele quer e o plano para obter o que deseja. Isso é feito por meio de *perguntas*. Esse processo *envolve* John, pois o plano é dele, e o *capacita* enquanto ele assume o controle da própria vida e da carreira. O líder coach está focado no *crescimento* de John e se oferece para ajudá-lo em seus objetivos pessoais e profissionais e em sua formação contínua. Como o líder coach está ajudando John ativamente por meio da *cocriação* do plano, ele mantém o papel de líder coach e empresário.

Conversas coaching intencionais

Ter uma ótima conversa coaching com alguém da equipe, como no exemplo com o líder coach e John, é algo muito poderoso. As conversas coaching são uma excelente base para capacitar e fazer com que o pessoal se desenvolva.

Você não constrói uma empresa, você constrói pessoas, e as pessoas constroem a empresa.

— ZIG ZIGLAR

Conversas coaching intencionais devem acontecer regularmente. Elas podem ocorrer todos os dias, semanalmente ou várias vezes por mês. Não precisam ser tão abrangentes quanto no exemplo, mas devem focar nas perguntas, na comunicação bidirecional, no crescimento e em um plano de jogo cocriado pelos membros da equipe.

Treinando a equipe para uma vida equilibrada

Há mais de cinco décadas a Ziglar Inc. vem ensinando que a qualidade de vida leva à qualidade do trabalho, e isso se torna ainda mais verdadeiro em tempos de disrupção, de desafio e de mudança, pois são momentos que expõem fraquezas. Se um indivíduo está tendo dificuldade em qualquer área de sua vida, a disrupção a intensifica e afeta rapidamente as demais áreas. Ensinamos a Roda Ziglar da Vida como uma forma de entender isso.

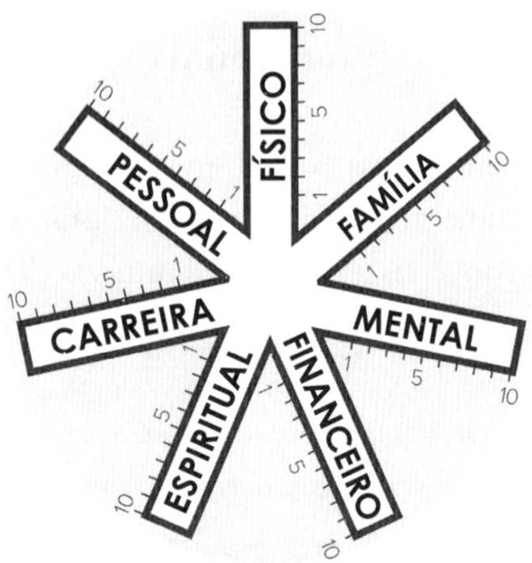

Cada um dos sete eixos da roda representa uma área específica da vida:

- Carreira
- Família
- Financeiro
- Mental
- Pessoal
- Físico
- Espiritual

É preciso obter certo grau de sucesso em cada área da vida antes de experimentar a verdadeira satisfação do sucesso total. Cada eixo em sua Roda da Vida está conectado aos demais. Se um ou mais eixos forem negligenciados, os outros serão diminuídos. Por exemplo, se você se concentrar principalmente no sucesso profissional e negligenciar a família e o crescimento espiritual, não obterá tanto sucesso em sua vida profissional quanto está esperando. Se você ganhar muito dinheiro e não cuidar da saúde, poderá se tornar uma pessoa rica com doença crônica! Antes de tudo, porém, é preciso entender o que é sucesso e o que não é.

Como líder coach, pergunte a si mesmo: "Algum membro da minha equipe terá uma chance melhor de sucesso no trabalho se for bem-sucedida em todos os eixos da Roda da Vida? (Sim! Absolutamente!) Agora, faça as seguintes perguntas complementares:

1. Qual a melhor maneira de você, como líder coach, influenciar a Roda da Vida dos membros da equipe? (Resposta: Você deve primeiro ter um bom relacionamento com eles, que seja baseado em confiança.)
2. Como você constrói esse relacionamento com eles? (Resposta: Demonstrando as dez virtudes em todas as suas interações de relacionamento com eles.)

Agora pense em alguém que esteja liderando. Com base no que você sabe a respeito dele, de que forma a Roda da Vida dele está equilibrada? Quando você revisa a descrição do que é sucesso e do que não é, quanto essa pessoa é bem-sucedida?

Faça o que Matt fez.

Matt McKinley é o proprietário da Triple M Trailers em Canton, Texas. Vários anos atrás, visitei a empresa dele e discutimos quanto ele havia crescido. Ele visitou as instalações comigo e foi me apresentando a muitos dos funcionários. Em seguida, levou-me para a área principal de trabalho, onde a maioria dos membros da equipe trabalha em suas mesas. Matt apontou para uma Roda da Vida concluída e exposta na área.

— Tom, pedi a todos da nossa equipe que fizessem a avaliação da Roda da Vida — disse Matt. — Mas fiz uma coisa diferente: eles deveriam entregá-la a mim sem colocar o nome. Assim, as informações permaneceram confidenciais, e eu não sabia quem era quem. Em seguida, peguei as 26 avaliações e fiz uma média da equipe para cada eixo da Roda. O que você vê aqui é como estamos nos saindo como equipe em cada uma das sete áreas da vida.

Fiquei impressionado e o parabenizei pelo tremendo sucesso e pelo crescimento da empresa. No entanto, Matt fez uma longa pausa e me olhou nos olhos.

— Tom, entendi direitinho — disse ele ao apontar para a equipe. — E quando entendi direitinho — comentou, apontando para o coração — finalmente descobri como líder que, se eu ajudasse meu pessoal a alcançar o sucesso equilibrado na vida pessoal, nossa empresa funcionaria muito bem.

Sim, qualidade de vida é sinônimo de qualidade de trabalho!

Como líder, Matt entende que tempos de mudanças disruptivas e desafiadoras sempre ocorrem e sabe que o sucesso da empresa depende do pessoal. Ele criou uma atmosfera que permite o crescimento da equipe e os equipou e apoiou para que pudessem alcançar os objetivos profissionais. Nesse processo, os objetivos pessoais são alcançados ainda mais rapidamente.

Com o ambiente de trabalho remoto, entender o poder da atmosfera é ainda mais importante. Como observa uma pesquisadora, "engajamento e bem-estar não têm a ver com o lugar. Têm a ver com experiência".[3]

---

3 ROBISON, Jennifer. The Emotional State of Remote Workers: It's Complicated. **Gallup**, 15 dez. 2020. Disponível em: <https://www.gallup.com/workplace/327569/emotional-state-remote-workers-complicated.aspx>.

Essa é uma boa notícia para os líderes. Não importa onde sua equipe esteja — em casa, no escritório ou em uma combinação dos dois —, se você souber criar a atmosfera certa e a experiência certa, os membros de sua equipe prosperarão. Criar a atmosfera certa requer feedback, propósito e crescimento. Os líderes coaches entendem que a qualidade de vida de seu pessoal, com objetivos profissionais e pessoais claramente definidos e alinhados, levam a um desempenho superior.

Seu sucesso como líder coach se resume a *você*. Você não precisa apenas de crença, mentalidade e habilidades para ser um líder coach eficaz: precisa também irradiar as virtudes que tornam possível a atmosfera certa. A boa notícia é que você já tem essas virtudes dentro de si e pode desenvolvê-las intencionalmente para que se tornem quem você é. Os próximos capítulos mostrarão como identificar e desenvolver as dez virtudes de liderança em tempos disruptivos.

Seja qual for a tendência, boa ou ruim, a pandemia a acelerou em dez anos.

— **Scott Galloway**, *pós-Corona*

Você não pode resolver um problema até reconhecer que tem um e assumir a responsabilidade de resolvê-lo.

— **Zig Ziglar**

SEÇÃO UM

QUEM PRECISAMOS SER?

Virtudes focadas nas qualidades de caráter de um líder

O amor é paciente, o amor é bondoso. Não inveja, não se vangloria, não se orgulha. Não maltrata, não procura seus interesses, não se ira facilmente, não guarda rancor. O amor não se alegra com a injustiça, mas se alegra com a verdade. Tudo sofre, tudo crê, tudo espera, tudo suporta.

O amor nunca perece [...]

Assim, permanecem agora estes três: a fé, a esperança e o amor. O maior deles, porém, é o amor.

— 1Coríntios 13.4-8,13

E se o fato de ser um líder eficaz, especialmente em tempos disruptivos, se resumir a amar seu pessoal enquanto os lidera?

Faça as contas e me mostre *amor*!

Ao longo dos anos, muitas pesquisas foram feitas sobre como as pessoas veem seus gerentes. Você provavelmente já ouviu o ditado: "As pessoas não largam o emprego, largam o chefe". E as pesquisas comprovam:

- Mais de 50% das pessoas que largam o emprego dizem que foi por causa do gerente.
- Mais de 30% das pessoas preferem ter um novo gerente que um aumento!

E essas pesquisas foram feitas antes da disrupção maciça de 2020-2021.

As dez virtudes da liderança funcionam melhor se estiverem focadas em três áreas: pessoas, propósito e desempenho. O sucesso de crescimento no longo prazo para sua empresa e para seu pessoal depende de todas as três.

Para, por, com

A liderança coach eficaz não é algo que você faz *para* alguém ou mesmo *por* alguém. Ser um líder coach eficaz é algo que você faz *com* alguém. Os líderes coaches estão relacionados com o *nós*. Eles sabem que o correto *eu* começa com o *nós*.

No início de minha carreira na Ziglar, eu vendia livros e programas de treinamento de áudio em um evento em que meu pai era palestrante. Um homem aproximou-se de mim depois do evento e perguntou: "Tenho 26 anos e apenas iniciei meu primeiro trabalho de vendas. Só tenho dinheiro suficiente para obter um desses dois programas, *Segredos para fechar a venda* ou *Como ficar motivado*. Qual deles devo adquirir?".

Papai estava autografando livros em uma mesa próxima, então perguntei a ele, que disse: "Comece com *Como ficar motivado*. Não faz sentido aplicar as habilidades certas na pessoa errada".

É dessa simples demonstração de sabedoria que tratam as dez virtudes de liderança em tempos disruptivos. À medida que se desenvolve como líder coach eficaz, você deve reconhecer que essas virtudes são a rocha sobre a qual todas as suas habilidades de liderança se alicerçam. Você pode estudar todas as habilidades e técnicas que quiser, mas se as construir sobre uma base fraca a casa da liderança irá ruir quando a tempestade chegar. Suas habilidades como líder só terão o impacto revolucionário de que você precisa depois que você se mostrar firme como a rocha nessas virtudes. Vamos começar a trabalhá-las, então!

CAPÍTULO 3

VIRTUDE 1: GENTILEZA

Tema: *Seja gracioso e aja com sinceridade e gentileza.*

A gentileza genuína entende que situações e circunstâncias causam impacto nas pessoas. Os líderes coaches eficazes devem responder com gentileza, mesmo quando atacados ou tratados com rispidez. Uma resposta sincera reconhece o ser humano como pessoa, não como um problema ou uma tarefa.

- Gentileza é a qualidade de ser amigável, generoso e atencioso.
- A gentileza é altruísta, compassiva e misericordiosa; na prática, seu maior poder é revelado aos nossos inimigos e entre os mais necessitados. Ame o próximo; mostre gentileza *a todos.*

Como líderes, entendemos que temos pouco controle sobre o que os outros fazem e dizem, mas, não importa o que aconteça, sempre podemos ser gentis em nossa resposta. Isso nem sempre é fácil, mas é sempre possível.

A disrupção da pandemia de covid-19 mudou o foco dos departamentos de RH em todo o mundo. Em meados de 2020, a questão número um enfrentada pelos líderes de RH era a saúde mental e o bem-estar dos funcionários. Estresse, depressão, desengajamento, preocupação, isolamento, ansiedade e inúmeras outras questões subitamente pularam para o topo da lista de obstáculos que a linha de frente e os trabalhadores remotos estavam enfrentando. A gentileza é a principal cura para isso.

A conversa coaching sobre a gentileza em três passos — um jeito fácil de implementar a gentileza

Como líder coach, observe esta conversa coaching em três etapas do ponto de vista da gentileza.

Passo 1: O que os membros da sua equipe estão pensando, sentindo e fazendo no que diz respeito à disrupção, às mudanças e aos desafios que acontecem na vida deles agora?

Passo 2: Depois de algumas conversas coaching com os membros da equipe, o que você quer que eles pensem, sintam e façam?

Passo 3: Como você poderia demonstrar gentileza com atitude, esforço e habilidade no Passo 1 para obter o resultado do Passo 2?

P: Quando devo me concentrar na gentileza?

R: Sempre.

Seja proativo. Perguntas simples abrem as portas para a gentileza.

- Como vai? (Faça uma pausa para ouvir a resposta e depois abaixe a voz um pouco.)
- Como você *realmente* está?
- Como você está lidando com a carga de trabalho?
- Pode me dizer algo mais sobre isso?

As respostas deles irão ajudá-lo a entender o que eles estão pensando, sentindo e fazendo e lhe permitirão também responder com gentileza. Pode ser que nem sempre você seja capaz de resolver o problema, mas sempre pode ser gentil.

Uma simples nota complementar que reconheça o que eles estão passando, com uma palavra de apoio, é um gesto enorme: "Obrigado por compartilhar X comigo hoje. Sei que está passando por muita coisa, e sou grato por você fazer parte da equipe. Diga-me como posso ajudá-lo".

Seja responsivo. Algum membro da equipe já explodiu com você, com outro membro da equipe ou em outra circunstância? Não reaja! Em vez disso, *responda*. Responder é mais fácil na teoria que na prática, por isso você precisa de um plano.

Tenho um plano que analiso regularmente e que me permite responder quando alguém reage dessa maneira comigo ou com a equipe. É um plano simples, mas me ajuda a liderar e responder com gentileza. Faço a mim mesmo uma pergunta poderosa: uma pessoa segura agiria dessa forma?

A resposta é "não" todas as vezes.

A pessoa que está chateada, gritando, não se sente segura. Pessoas seguras não explodem. Isso significa que estou lidando com alguém inseguro ou que demonstra insegurança por causa de algo que está acontecendo na vida dele. Seja como for, a explosão não tem nada a ver comigo.

Assim que você entender isso como líder coach, estará em posição de liderar de forma poderosa. Como a explosão não tem nada a ver com você, é possível manter-se emocionalmente inalterado por ela, responder com gentileza e agir para minimizar a situação. Não se deixar levar por essas situações muitas vezes já é suficiente para permitir que a pessoa chateada volte atrás.

Lembre-se: o fato de alguém deixar a reunião de forma intempestiva não diz nada sobre você, mas sobre ele, que se sente inseguro e algo deflagrou a explosão. Isso permite que você dê um passo para trás e, com gentileza, descubra a raiz do problema e se concentre nela.

Ser gentil não significa ser passivo. O estimado médico e teólogo Albert Schweitzer observa: "Gentileza constante pode realizar muitas coisas. Assim como o sol derrete o gelo, a gentileza faz com que mal-entendidos, desconfiança e hostilidade evaporem".

Como líder coach, você é responsável por criar a atmosfera em que sua equipe trabalha. A gentileza cria uma atmosfera poderosa! E, quando ocorre uma disrupção, a equipe precisa que você intervenha com gentileza para que a atmosfera seja mantida. A melhor maneira de fazer isso é preparar o cenário com antecedência. Deixe claro para sua equipe que a colaboração e a realização de tarefas em conjunto exigem ouvir, incluir, respeitar e manter todos seguros. Isso significa incentivar conversas mais acaloradas, mas sempre respeitosas e gentis. Estabeleça de antemão que nunca é bom exagerar nos ataques aos membros da equipe.

Aqui está o que lhe recomendo pôr em prática, caso o tom de uma reunião enverede por um caminho ruim. Avise a equipe com antecedência que, se você sentir que a discussão está indo na direção errada, irá se manifestar e deixar o tópico de lado, para voltar a ele após um intervalo. Então faça um intervalo ou vá para o próximo item da pauta. Depois do intervalo, será possível reformular a conversa e levá-la a uma direção que permita resolver o problema da melhor maneira possível.

O ponto cego da gentileza e como corrigi-lo

Tive a oportunidade de entrevistar a pesquisadora — e líder em gentileza — Shaunti Feldhahn. O texto a seguir é uma transcrição ligeiramente editada, pois quero dar a você um contexto para mostrar como a gentileza é importante no desafio que encaramos como indivíduos e líderes coaches ao lidar com os outros. Como você perceberá, o problema não é que as pessoas não valorizam a gentileza. O problema é que as pessoas muitas vezes agem de forma rude sem perceber.

Shaunti: Na minha opinião, a coisa mais importante da qual todos devem estar cientes com relação à gentileza, que descobrimos na pesquisa com todos os tipos de relacionamentos — casais, pais e filhos, colegas, líder e subordinado, gerente de atendimento ao cliente e cliente, até mesmo sogras —, em todos os setores e em todas as áreas, sem exceção, é que todos nós temos um ponto cego. Todas as pessoas valorizam a gentileza, no entanto quase todas agem mal.

Todos concordam em que a gentileza é essencial. E, em geral, todos a valorizam. Então o problema surge porque costumamos pensar que já somos gentis e não percebemos que todos os dias, ao longo do dia, há momentos em que somos absolutamente o oposto disso, que operamos de forma contrária a esse valor que todos defendemos.

Se você quer uma nuance, não se trata de apenas *ser gentil*, mas de conhecer os momentos em que você é inconscientemente indelicado e trabalhar para corrigi-los. Na verdade, é disso que se trata. Por fim, como o principal projeto de pesquisa em que os dados estão focados, acabamos testando o que podemos fazer, sejam coisas simples, sejam complicadas, apenas nos concentrando no que nos desperta para o que realmente está acontecendo. Desse modo, somos despertados para os momentos em que talvez não sejamos tão gentis quanto pensávamos e para aqueles momentos em que somos indelicados e não percebemos. É assim que queremos agir? O que nos desperta para isso? Que ações ou passos irão nos despertar para o fato de que estamos agindo de forma indelicada? E que medidas podemos tomar para nos reeducarmos? Então, agora que aprendemos a fazer as coisas de forma um pouco diferente e da maneira que importa, como construir hábitos sobre essa base?

Há uma espécie de fase reveladora que é: "Ah, meu Deus, eu não imaginava!". Há também a fase: "Ok, tenho de aprender novas habilidades que não sabia que precisava aprender". Depois temos a fase: "Quero que isso agora faça parte da minha vida cotidiana".

Fizemos uma tonelada de testes e acabamos decidindo pelo que chamamos Desafio da Gentileza de Trinta Dias. Nós o testamos em ambientes variados, inclusive em locais de trabalho e âmbitos de liderança, e em todos eles, estatisticamente, 89% dos relacionamentos melhoraram. É um número surpreendente em ciências sociais, porque não costumamos ver índices tão altos.

Não se trata de ser gentil, pois isso já achamos que somos. Temos de parar com os momentos em que não somos gentis e reaprender bons hábitos, que sejam realmente gentis.

Tom: Entendi. Quase todos valorizam a gentileza e até supõem serem gentis com as pessoas, no entanto quase todos se comportam de forma indelicada. Amo seu Desafio da Gentileza de Trinta Dias, e você começa com apenas uma pessoa (que não sabe que isso está acontecendo). Como funciona e como ele nos permite criar hábitos automaticamente gentis?

Shaunti: O Desafio da Gentileza de Trinta Dias consiste de três itens realizados todos os dias durante trinta dias. E a primeira coisa é literalmente não dizer nada negativo a respeito da pessoa, nem a ela nem a terceiros. Nada negativo. Se você precisar corrigir seu filho ou um subordinado, isso faz parte da situação, mas você não deve fazê-lo de forma negativa. Trata-se de um padrão, e vou analisar o que penso serem alguns dos padrões mais relevantes que tendem a surgir entre os líderes em um segundo.

Basicamente, seja qual for seu padrão de negatividade, você terá de ocultar tudo durante o período de trinta dias. A segunda coisa que você fará todos os dias durante trinta dias será sempre encontrar, ou seja, procurar e encontrar algo que possa elogiar e afirmar sobre essa pessoa a favor de quem está realizando o desafio. Mais uma vez, enfatizo que o faça apenas com uma pessoa.

Então você diz isso a ela e a mais alguém. É um ótimo hábito para um líder, e, desde que alinhado com o fato de não sabotar as coisas acidentalmente, acabará se mostrando revelador e poderoso.

E a terceira coisa é praticar um pequeno ato de gentileza ou de generosidade para com essa pessoa todos os dias. E isso pode ser aplicado a todos os setores. Pode ser literalmente — por exemplo, trazer uma xícara de café após o intervalo do almoço. É um ato de gentileza, um ato de serviço. É como um ato de bondade, muito importante para a outra pessoa.

Vou dar um exemplo comum, com que todo mundo já se acostumou nesse ano que passou: ouvir crianças chorando ao fundo no meio de uma reunião importante. Então você percebe que seu colega está envergonhado e diz: "Não se preocupe. Vá ver o que precisam. Está tudo bem. Vou tomar um café aqui. Ver algumas anotações. Volto em cinco minutos. Está tudo bem com a gente". É um ato de generosidade, para evitar que o outro se sinta um imbecil. E, para aproveitar os cinco minutos extras, mesmo que você não os tenha, há várias situações que podem dar certo.

Tom: Você pode dar alguns exemplos em um contexto de liderança?

Shaunti: Suponha que você seja chefe e esteja gerenciando uma equipe de seis ou sete membros, e um ou dois são ótimos funcionários. Mas você fica irritado com a forma em que alguns lidam com as coisas. Talvez um deles reclame muito. Outro pode estar sempre descumprindo os prazos. Mas eles são realmente bons em outras situações, exceto por algumas frustrações.

Você escolheria essa pessoa para fazer o Desafio da Gentileza de Trinta Dias *por* ela, sem lhe informá-la disso, passando por todo o processo que acabei de falar. Identificaria os padrões de negatividade e de grosseria e os ocultaria por trinta dias. Olharia apenas para as coisas que pudesse elogiar.

Praticaria um ato de generosidade. Diria: "Está tudo bem. Não se preocupe com as crianças. Voltarei aqui em cinco minutos".

Tom: Então basta fazer estas três coisas todos os dias durante trinta dias: 1) não dizer nada de negativo sobre a pessoa ou para a pessoa; 2) procurar algo que possa elogiar e afirmar sobre a pessoa e depois dizê-lo a ela e a mais alguém; 3) praticar um ato de generosidade pela pessoa.

Shaunti: Ao seguir esse processo, qualquer que seja o ambiente, descobrimos que 89% dos relacionamentos melhoram. E, do ponto de vista da liderança, é o que ouvimos de líderes, inclusive líderes de alto nível que gerenciavam uma equipe executiva, e depois da equipe executiva, que fazia o gerenciamento diário, seguindo até chegar a alguém que era líder de pares que procuram orientação, mesmo sem ter autoridade oficial alguma.

Durante toda essa mudança, o que cada pessoa descobriu é que, em um período de alguns dias, rápido assim, eles começaram a apreciar ativamente a pessoa que antes os irritava. Começaram a gostar de trabalhar com essa pessoa, de uma forma que não faziam antes. Houve algumas exceções porque, sabe como é, em alguns casos as pessoas escolhidas tinham uma personalidade extremamente difícil. Posso contar uma ou duas histórias, se estiver interessado.

Tom: Sim, conte-me uma dessas histórias.

Shaunti: Uma mulher dirigia uma equipe de analistas, e seu colega liderava uma equipe de vendedores. Certa ocasião, tiveram de trabalhar juntos para alavancar a empresa. Então veio o confinamento, e a estrutura montada, obviamente, deixou todos frustrados. Mas a chefe dos analistas dependia do trabalho dessas pessoas para realizar sua tarefa e assim canalizar o processo de desenvolvimento da empresa.

Um rapaz do departamento de vendas tinha uma personalidade extremamente difícil. Um clássico grosseirão de Nova York. Contudo, a chefe dos analistas era uma linda pessoa sensata, e via o sujeito maltratar os membros da equipe, motivo de constante rotatividade no setor. Enfim, havia todas essas questões e, francamente, ele era cruel. No entanto, ele achava que estava certo e não era nada gentil.

Ela então fez o Desafio da Gentileza dos Trinta Dias por ele, porque eram colegas e o trabalho dela dependia do pessoal dele, e vice-versa. Creio que dentro de dois ou três dias o esperado aconteceu: "Uau! Não sabia que eu era parte do problema, porque, sabe como é, quando participava de uma reunião, estava sempre revirando os olhos. E tenho certeza de que isso foi percebido. Eu sempre insistia em certas coisas que na verdade eram questões de outro departamento. Eu não tinha o direito de ser insistente, mas era intensa a sensação de que não devia confiar em outras pessoas, e não confiei. Agora posso ver como isso prejudicou o relacionamento".

Assim, a chefe dos analistas comprometeu-se em trabalhar o desafio todos os trinta dias. Ela ocultou tudo que era negativo e identificou o próprio padrão de negatividade basicamente como irritação, exasperação e apontamento de erros. A propósito, eles também fazem parte do meu padrão de negatividade. Ao concluí-lo, ela percebeu: "Ah, meu Deus! É por isso que algumas pessoas subordinadas a mim se sentem frustradas".

Você começa a entender o que está acontecendo depois de apenas alguns dias. Por volta do quinto, sexto ou sétimo dia, algo aconteceu, apesar de ela não me ter dito o quê. Ela disse: "Foi mais um exemplo de gritaria, de maus-tratos, ou algo assim". Sua percepção foi: "Ok, ocultar meu padrão de negatividade não significa não confrontar algo que precisa ser confrontado. Às vezes, a coisa mais gentil que se pode fazer é mostrar os limites. Às vezes, a coisa mais gentil que se pode fazer é abordar coisas que precisam necessariamente ser abordadas".

Quando ela me contou sobre esse insight, pensei: "Uau! É um ótimo jeito de encarar a questão. Eu não tinha pensado nisso".

Ela disse: "Deixar aquele homem agir daquela forma com seu pessoal era ativamente cruel, porque estava prejudicando a saúde mental dele e o equilíbrio emocional também. Muitas pesquisas descobriram que estamos de fato machucando a nós mesmos quando maltratamos os outros. Isso nos deixa ainda mais infelizes, mais estressados e mais furiosos, certo?".

E ela fez algo que não teria feito antes. "No passado, eu teria brigado com ele. Teria dito que ele não podia falar com as pessoas daquela maneira", disse-me. "Mas dessa vez, eu disse: 'Frank, escute, preciso falar com você sobre algo importante. Sei que você não tem intenção de ser cruel'".

Ela começou com uma declaração gentil, com uma suposição de boa vontade: "Sei que você não tem a intenção, mas escute, preciso lhe dizer: você está sendo cruel e está ficando cada vez pior. Quando comecei a trabalhar com você, cinco anos atrás, estava preocupada com a taxa de retenção dos funcionários e com o fato de as pessoas não entenderem seu estilo de gerenciamento. Nos últimos anos, perdemos uma ou outra pessoa, mas há uma alta taxa de rotatividade no seu departamento. E estamos observando uma perda de clientes. Nossos analistas não conseguiram fazer o que precisava ser feito. Sei que você não quer ser cruel, mas acho que isso chegou ao ponto em que está afetando o trabalho dos meus analistas e a própria empresa. Preciso dizer que isso tem de mudar. E sei que você consegue".

Outra declaração gentil: "Sei que você consegue".

Ela disse também: "Já vi você lidar com as coisas de maneiras incríveis".

E nomeou algumas — algo que também acontece quando você segue o segundo passo, ou seja, procurar coisas para elogiar todos os dias. Você passa a percebê-las com mais facilidade. E ela teve munição para dizer: "Eu vi isto, isto e isto", ao passo que antes ela não teria conseguido listar essas coisas positivas.

Ela acrescentou: "Já vi você agir dessa forma. Você sabe fazer as coisas de outra forma, e é incrível. Mas alguma coisa tem de mudar, Frank, e você precisa saber disso. Do contrário, não terei escolha senão alterar sua posição no organograma, pois isso começou a afetar as pessoas de uma forma que você parece não ter percebido".

Mais uma vez, o benefício da dúvida, quer isso seja realmente válido internamente, quer não. Você pode suspeitar o pior da pessoa, pode até achar que ela não está nem aí, mas pode dar a ela uma saída, como para livrar a pele, ou algo assim. E, francamente, a maioria dos nossos estudos mostra que a pessoa está sendo babaca a maior parte do tempo não por gostar de ser babaca. Ela não pensa que é babaca, porque não consegue perceber o que está fazendo. Ela simplesmente não entende isso. Na maioria das vezes é correto dizer: "Sei que você não tem a intenção de ser cruel". É uma afirmação precisa, na maioria das vezes.

Seja como for, ela teve essa conversa com ele e, por não ter sido uma conversa do tipo: "Frank, não fale assim com meu pessoal", ficou realmente surpresa quando ele reagiu de uma forma muito mais saudável do que ela esperava. Mas parte disso se deveu ao fato de que ela havia acumulado boa vontade, ou algo assim, nos sete dias anteriores, de modo que ele estava se sentindo generoso com ela e ela estava se sentindo generosa com ele, por causa de todas as coisas positivas que havia notado.

Ela declarou que foi muito interessante. Não era como se ele tivesse mudado de personalidade da noite para o dia, porque ele tinha anos de hábito, certo? Ela percebeu, porém, que ele acordou diante do que ela estava dizendo. E esse é um dos princípios dos quais falamos no desafio da gentileza. Está nos recursos de liderança. Falamos sobre quebrar as muralhas das pessoas. Falamos sobre o que faz com que alguém construa uma muralha contra você. Você precisa derrubar essa muralha.

Na verdade, descobrimos que a gentileza não destrói muralhas. Ela as derrete. Um buraco é aberto, e a pessoa deixa você entrar. Não é como se você estivesse derrubando a muralha tijolo por tijolo. Uma parte é dissolvida, e a pessoa é impactada de tal forma que ela mesma derruba a muralha. É uma abordagem muito diferente. Você atravessa a muralha até tocar o coração da pessoa, e a muralha é derrubada.

Ela disse que foi isso que viu naquele sujeito. Ele nunca se tornou um gerente perfeito, pois ainda tinha anos de maus hábitos. Não lembro a idade dele. Acho que estava na casa dos cinquenta. Então, ele devia ter realmente anos de maus hábitos, mas dava para vê-lo processar tudo aquilo, e ela percebeu, em futuras reuniões, que ele passou a tratar melhor seu pessoal.

Antes, ele dizia coisas do tipo: "Como você pôde fazer isso?". Ou: "Estou um pouco frustrado". Mas agora, sempre que estava prestes a começar o sermão costumeiro, ele se tocava, voltava atrás e dizia: "Estou um pouco frustrado porque o prazo se esgotou. O que aconteceu?".

Então, ela percebeu uma diferença. Não era uma situação perfeita, mas a diferença existia. Esse é o tipo de história que ouvi às centenas ao longo das pesquisas. E é por isso que a coisa mais importante que queria mencionar a você é a centralidade de não apenas recomendar que a pessoa seja gentil, mas descobrir as próprias deficiências com relação à gentileza. Identifique seus pontos cegos. Esse é o panorama geral.

Tom: Isso foi perfeito. Com toda essa disrupção, com as pessoas trabalhando em casa e muito mais estresse, qual a importância da gentileza para um líder neste novo mundo? Porque não há como voltar para onde estávamos. O movimento vai continuar em direção a essa nova forma de trabalhar. Haverá disrupção, desafio e mudança constantes.

Shaunti: Bem, para mim a gentileza, como já dissemos, é a solução geral para gerenciar disrupções, pois o que você reconhece é a disrupção de outra pessoa, não apenas a sua. E você escolhe lidar bem com essas duas coisas. Tanto com a própria disrupção quanto com a do outro.

Um exemplo que encontramos em um projeto de pesquisa anterior, sobre o local de trabalho, lidava com expectativas de liderança inconscientes muito reais, especialmente comuns entre homens que praticam esportes, que viam o objetivo sempre relacionado com os resultados. Eles não se importam com o que você faz: o que importa são os resultados. Mas, de acordo com nossa pesquisa, isso é pura bobagem, pois descobrimos que as expectativas reais dizem respeito a duas coisas. Uma está de fato relacionada com os resultados, mas também com a demonstração do total compromisso do líder com a equipe, já que há um sentimento entre os líderes de que o peso do mundo está sobre seus ombros. Eles estão o tempo todo preocupados em não errar, em garantir que se saiam bem e, por extensão, em poder sustentar a família. Se alguma dessas coisas der errado, tudo pode desabar, mesmo que tudo esteja apenas na mente deles, especialmente entre os homens.

E isso se relaciona com outra pesquisa nossa, sobre o fato de que os homens parecem tão confiantes em si mesmos e de que as mulheres muitas vezes se surpreendem ao descobrir que há muita vulnerabilidade neles. Inconscientemente, todo líder se pergunta: "Quem está dividindo o peso do mundo comigo? Em quem posso confiar?". Não se trata apenas de entregar resultados, mas de provar que é parte da equipe e que fará tudo por ela, a ponto de deixar de lado qualquer outra coisa, trabalhar até tarde da noite e responder mensagens à meia-noite para mostrar aos outros que carregam esse peso e que estão dispostos a compartilhá-lo.

Para muitas pessoas, é como a clássica declaração pré-pandêmica: "Não importa se eu tiver que sair às 17 horas, o que importa é fazer meu trabalho". Bem, isso não deveria importar, mas importa, porque você tem a perspectiva, certa ou errada, de que a outra pessoa não entende ou não está dividindo o peso. E isso está presente nos esportes e em todos os tipos de expectativas que se acumulam ao longo dos anos.

Você nunca ouviria um jogador de destaque dizer: "Sabe, treinador, não importa. Eu consigo pegar o passe todas as vezes. Estou obtendo meus resultados. Não preciso treinar duas vezes por dia". Eles nunca diriam isso porque parte do acordo é compartilhar a dor da equipe. Dessa forma, mostram que estão totalmente engajados. E muitos líderes empresariais têm essa mesma necessidade, especialmente os homens, que estabelecem essas expectativas para todos. Agora tudo isso foi desestabilizado. Como você vai demonstrar total compromisso com a equipe e como eu, o líder, posso saber quanto você está engajado, se tudo acontece pelo Zoom e não o vejo caminhando pelos corredores às 21 horas?

Há um novo paradigma no local de trabalho e acho que, com base no que vimos até agora durante a pandemia, a situação nos levou a expectativas mais saudáveis. No topo, está a qualidade de vida, porque os próprios líderes apreciam o fato de não terem de se deslocar até o local de trabalho, por exemplo.

Portanto, a questão é a seguinte: algumas dessas expectativas estão tendo retorno? Ou nós, líderes, vamos dizer: "Percebi como era saudável não forçar as pessoas a trabalhar em um escritório e reconhecemos que elas podem continuar engajadas na equipe, mesmo estando em casa com os filhos"?

Tom: Para mim, esse é o objetivo, pois o que o mundo está verbalizando é uma preocupação com colaboração, criatividade e inovação ao manter as pessoas separadas. Mas, na minha opinião, o que você acabou de dizer é o que vem realmente preocupando as pessoas: como saber se o outro está totalmente engajado? Porque, se eu estiver em uma reunião com pessoas comprometidas, não importa de que forma a reunião aconteça.

Shaunti: Eu sei quem da minha equipe está comprometido. Descobrimos na noite passada que temos de apresentar amanhã uma proposta a uma organização parceira — e não sabíamos que era para amanhã! Essa proposta demandará muito tempo, e já havíamos começado, então mandei uma mensagem para minha diretora de equipe às 22h20 na noite passada para perguntar se alguém já estava trabalhando na proposta, mas eu não sabia o que fora feito. Como não queria começar do zero, pedi-lhe que enviasse o material para mim.

Cinco minutos depois, ela me enviou o arquivo, porque entendeu que o projeto era uma emergência. Então sei que ela está comprometida, e esse é um exemplo de como tenho essa certeza. Seria normal eu esperar uma resposta tão rápida às 22h30? Não, porque isso teria mudado a dinâmica de bilateral para unilateral. Não seria gentil. Sou eu criando expectativas sem saber o que está acontecendo na vida dela e reconhecendo a disrupção como uma via de mão dupla. É um exemplo de gentileza em ação.

A gentileza nunca pressupõe que a outra pessoa conheça seus motivos ou o que está em seu coração. Um verdadeiro ato de gentileza resulta em benefício para a outra pessoa e costuma muda sua maneira de ver a situação e a forma como as pessoas reagem a isso. Muitas vezes, um ato de gentileza muda uma vida para sempre.

Alguns exemplos da vida real sobre gentileza no local de trabalho

Frank Stewart, palestrante da Ziglar Legacy, dá o seguinte exemplo:

> Um rápido exemplo de gentileza aconteceu em uma das minhas equipes de vendas quando um novo contratado (Curtis) apareceu no primeiro dia para o treinamento sem gravata e sem paletó, e estava prestes a ser mandado para casa pelo gerente de treinamento quando um dos gerentes da equipe, que estava ali para dar as boas-vindas a todos e falar da cultura da organização, tirou a própria gravata e o paletó e entregou-os ao novato, que então pôde ficar. Curtis concluiu o treinamento, tornou-se um colaborador muito esforçado e positivo e é meu amigo até hoje

— em grande parte, devido à compaixão demonstrada no primeiro dia. Muitos outros membros daquele grupo de treinamento me contaram depois que aquele simples ato de gentileza para com alguém que eles nem conheciam demonstrou a todos a cultura que mais tarde vivenciaram na equipe de vendas.

Imagine a cena. É seu primeiro dia de trabalho. Como você está se sentindo? Assustado? Nervoso? Inseguro? Pode apostar! Você aparece e de repente constata que todo mundo está de paletó e gravata, menos você. Você percebe alguns gerentes sussurrando e olhando na sua direção. O pavor é instaurado. Você começa a dizer para si mesmo: "Minha primeira impressão foi um desastre. Eles podem me demitir antes mesmo de o treinamento começar". E então um gerente se aproxima e lhe entrega o próprio paletó e a gravata! Instantaneamente, um simples (mas inestimável) ato de gentileza, que não custou nada, significou tudo.

O gerente que salvou o dia do rapaz tinha consciência do clima naquele ambiente. Por isso, a oportunidade de um ato de gentileza era real — e capaz de exercer enorme impacto.

Talvez ele se lembrasse do que sentiu em seu primeiro dia no emprego!

Talvez tenha se lembrado da Regra de Prata: não faça aos outros o que você não gostaria que fizessem a você.

Talvez tenha visto os outros gerentes se preparando para cumprir a política da empresa.

Talvez tenha se lembrado de uma gentileza que mudou a trajetória de sua carreira. Ou quem sabe tenha sido vítima de uma maldade que jurou nunca deixar acontecer com outra pessoa.

Seja qual for o caso, foi um ato de gentileza, uma demonstração de gentileza que fez a diferença.

Joe Dearing, também palestrante do Ziglar Legacy, relata a seguinte experiência:

> Aceitei um emprego como técnico de ultrassom vascular no final de 1992 para Bruce Hammond. Minha esposa, na época, estava grávida de Tyler, nosso primeiro filho, e o bebê nasceria em junho, então eu não havia completado sete meses na empresa quando Tyler nasceu. Foi uma tempestade perfeita. No dia 23 de maio, meu aniversário, decidi levar oito amigos para um festival de concertos ao ar livre, para o qual ganhara vários ingressos na rádio. Resumindo, quebrei a perna jogando *hacky sack*[1] no concerto do Mötley Crüe, duas semanas antes de meu filho nascer. Por fim, adiei a comemoração para cuidar da perna quebrada, pois meu filho nasceria a qualquer momento. Ele nasceu no dia 8 de junho de 1993. Estava roxo e assim ficou por duas horas, até perceberem que ele precisava ser transportado para o Dallas Children's Hospital o mais rápido possível, ou não iria sobreviver. No dia seguinte, tive de ir ao South Dallas operar a perna quebrada, já que me machucara havia mais de duas semanas. Tyler estava no Dallas Children's aguardando cirurgia de coração aberto, e minha esposa, Suzi, continuava no Grand Prairie Hospital. Naquele dia, 9 de junho, estávamos todos em hospitais diferentes.
>
> Meu filho superou, eu superei, todos nós superamos porque, durante tudo aquilo, como que dois meses de

[1] Esporte que consiste em manter uma pequena bola no ar sem o uso das mãos. [N. T.]

> caos, não precisei ir trabalhar, e meu patrão continuou me pagando. Esse mesmo homem me apresentou a Jesus Cristo, meu Senhor e Salvador. Bruce é um líder épico que sempre demonstra gentileza a todos, não apenas por meio de suas palavras, mas de suas ações. Te amo, Bruce!

Essa história foi postada no Facebook, e Bruce, patrão de Joe, respondeu:

> Acho que você me dá crédito demais, era um "momento de fazer algo pelos outros". A questão é: as ações estão em sintonia com as palavras? Obrigado pelas palavras gentis, mas foi Ele, não eu.

Gentileza: fazer aos outros o que gostaria que fizessem a você. É algo que acontece sem a necessidade de lembrar que todos passam por momentos difíceis. A gentileza pode impactar uma vida muito além do que se possa imaginar. No caso de Joe, o impacto está reverberando por toda a eternidade.

George Puia foi contemplado com um poderoso ato de gentileza de um mentor no início da carreira de liderança, com a única condição de levar aquilo adiante:

> Eu havia acabado de ser promovido a gerente do meu departamento. Estava com 27 anos, e o funcionário mais jovem depois de mim tinha 42. Pedi ajuda ao meu mentor, um executivo de outra divisão. Ele me encontrou depois do trabalho, levou-me a uma loja de roupas masculinas e comprou dois ternos, camisas e algumas gravatas conservadoras para mim. Prometi que o pagaria depois, mas ele nem quis saber. E disse:

> "Não é assim que funciona, apenas ajude alguém". Comecei a nova posição parecendo cinco a dez anos mais velho e com mais confiança.

Como líder coach, uma de suas principais responsabilidades é ajudar seu pessoal a se transformar em líderes coaches. O mentor de George sem dúvida entendeu que a gentileza muda o jogo, e a melhor maneira de ensiná-la é por meio da ação.

Tom Zampino, amigo de longa data da família Ziglar, conta a seguinte história:

> Eu trabalhava em um pequeno escritório de advocacia em Manhattan. A técnica jurídica, que trabalhava diretamente para mim, estava passando por um momento financeiro muito difícil. Os sócios, no entanto, decidiram não dar a ela um aumento naquele ano. O membro fundador sênior da empresa sentiu a dor dela imediatamente. A sós comigo, sacou o próprio talão de cheques, preencheu para ela um cheque de uma quantia substancial e lhe pediu que mantivesse a generosidade dele em segredo. Muito gentil. Muito atencioso. Muito necessário.

A gentileza feita confidencialmente e com custo pessoal é talvez o maior exemplo de bondade. Anos e anos depois, as bênçãos da experiência de Tom ainda estão impactando outras pessoas.

Michael Norton é um amigo de mais de vinte anos e ex-presidente da Ziglar. Ele deixou a Ziglar para trabalhar na Sandler Training e contou a seguinte história, não muito tempo depois que entrou para a Sandler:

Em outubro de 2010, enfrentei o dia mais sombrio da minha vida. Minha esposa foi diagnosticada com câncer no pâncreas em estágio 4. Foi devastador. Eu ocupava meu novo cargo havia apenas sete meses, administrando uma organização de vendas global, e sabia que precisava cuidar da minha esposa e dos meus três filhos. Tinha dúvidas se conseguiria manter meu compromisso com meu novo empregador. Por dentro, sentia-me como se precisasse renunciar para ser apenas marido, pai e cuidador em tempo integral. Quando dei a notícia ao CEO, David Mattson, esperava que ele fosse compreensivo e apoiasse minha decisão. Como eu estava errado!

Mas errado no bom sentido. David não só recusou minha demissão, como também declarou que apoiaria a mim e minha família em tudo que estávamos enfrentando. Como meu trabalho exigia viagens significativas, ele me disse que eu poderia viajar quando precisasse, se não fosse problema ficar fora um ou dois dias. Se não, eu deveria ficar em casa. E, se pudesse resolver por telefone o que fosse preciso, tudo bem também. Ele nunca deixou de pagar meu salário integral. O apoio de toda a organização foi realmente incrível durante aquele tempo.

E ainda um dos momentos de gentileza mais incríveis aconteceu quando fui escalado para fazer um discurso de abertura na Holanda. O evento fora marcado com meses de antecedência. Minha esposa e eu conversamos sobre o assunto, e concordamos em que eu deveria honrar o compromisso. Afinal, eu conseguiria gerenciar a viagem e o evento ficando fora apenas quarenta e oito horas. Um dia antes da minha partida, porém, minha esposa teve uma reação ruim a um novo protocolo de quimioterapia que havia começado. Ela estava doente demais para que eu pudesse viajar. Liguei para David e pedi desculpas por ter de cancelar a viagem e a palestra. Sem hesitar, ele me disse para ficar em casa cuidando da minha esposa, que ele resolveria a situação. Mal sabia eu que cuidar da situação significava cancelar a agenda dele, comprar uma passagem para a Europa e subir ao palco no meu lugar.

A questão é a seguinte: o evento era o pontapé inicial de vendas a um cliente. Ele não estava fazendo aquilo para salvar uma empresa ou para gerar mais receita. David estava cumprindo um compromisso que fizera como favor ao cliente. E nunca, em dez anos, ele tocou no assunto. Nunca disse aos outros o que ele fez ou por quê.

Durante a batalha da minha esposa, quando ela morreu e enquanto durou nosso relacionamento, David sempre se mostrou gentil e solidário. Eu poderia compartilhar outra de suas demonstrações de gentileza, mas vou guardar para outra hora.

Ao refletir sobre esses exemplos de gentileza no local de trabalho, reserve um momento para ponderar sobre como ser gentil afeta tanto o doador quanto o receptor. A atmosfera melhora? O moral se eleva? E a lealdade? E a gratidão? E o cuidado? E a sensação de pertencimento? A gentileza é o alicerce das boas relações de trabalho e permite que pessoas, equipes e empresas sobrevivam às piores tempestades. Ser gentil cria uma atmosfera de bondade e permite que os líderes coaches esperem bondade da equipe. A criatividade e a inovação florescem em uma atmosfera de gentileza, porque não há risco em compartilhar novas ideias.

Atente para estas perguntas sobre gentileza, a fim de ponderar como líder coach:

- Como você poderia ser gentil consigo mesmo e dar o exemplo, para que os membros de sua equipe sejam gentis uns com os outros?
- Que perguntas você faria aos membros da equipe que revelem o que realmente acontece com seus pensamentos e sentimentos?
- Quais as dificuldades pelas quais seu líder está passando, e como você poderia apoiá-lo com gentileza nessa luta?

CAPÍTULO 4

VIRTUDE 2: ALTRUÍSMO

Tema: *Como você divide o bife?*

Meu pai e eu costumávamos dividir coisas, como sobremesa ou um pequeno filão de pão. Um de nós cortava o alimento em dois pedaços, e o outro escolhia qual pedaço queria. É uma forma bastante comum de as famílias ensinarem justiça. Conforme fui crescendo, comecei a perceber como papai e mamãe eram altruístas com relação a mim e às minhas irmãs. Eles sempre quiseram o melhor para nós e se sacrificavam por nós o tempo todo.

Um dia, depois de passar bons momentos com papai, fizemos uma boa refeição, que incluía bife, e sobrou um pedaço. Ele perguntou se eu queria dividi-lo, e eu disse que sim. Então ele me pediu para cortá-lo em dois. Por alguma razão, entendi o altruísmo de papai e decidi fazer um teste, porque sabia quanto ele amava bife! Propositadamente, cortei o bife em duas partes, mas em vez de uma proporção 50/50 cortei 65/35. A cara do papai foi impagável! Ele teve de escolher entre o que realmente queria (o pedaço grande) e o que pretendia me ensinar (altruísmo)! Então escolheu o pedaço pequeno. Mas eu o interrompi quando ele começou a movê-lo para o prato: "Pai, quero que o senhor fique com o pedaço grande".

Acredito que foi o pedaço de bife mais saboroso que qualquer um de nós já comeu.

Ser altruísta significa criar a atmosfera, os processos, o treinamento, tudo que contribua para elevar seus liderados. Isso também decorre do princípio de compreender e facilitar os sonhos e objetivos deles. Em última análise, ser altruísta é como se ensina as pessoas lideradas por você a serem altruístas.

Altruísta: *ter pouca ou nenhuma preocupação consigo mesmo, especialmente com relação à fama, à posição, ao dinheiro, etc.; generoso.*

O verdadeiro altruísmo significa que você sente alegria quando seus liderados obtêm o pedaço maior de bife e o crédito por um trabalho bem feito.

Para mim, gentileza e altruísmo são semelhantes, mas pode haver uma diferença significativa. Quando a gentileza não é retribuída, é possível que haja alguma perda física do seu lado (você pode se sentir emocionalmente ferido). O altruísmo geralmente envolve sacrifício físico, mas as recompensas espirituais reverberam pela eternidade.

É como sugere Les Brown: "Ajude os outros a realizarem seus sonhos, e você realizará o seu". Como líder coach, essa ideia é muito poderosa. É simplesmente outra maneira de expressar a maravilhosa frase de Zig Ziglar: "Você pode ter tudo o que quiser se fizer esforços para ajudar outras pessoas a terem o que elas querem".

A chave para essas duas citações poderosas é que seu motivo e sua atitude com relação a quem você lidera deve ser altruísta. Ser altruísta hoje em dia é contracultural! Nunca foi tão politicamente correto ser egoísta em tudo que se faz. Se seu objetivo é ser um líder coach eficaz e trata disso com uma mentalidade egoísta, as recomendações a seguir serão inúteis para você — na verdade, irão piorar as coisas para sua equipe. Por quê? Porque as pessoas sabem quando estão sendo usadas ou manipuladas, em vez de servidas e apoiadas. O altruísmo começa servindo e apoiando a equipe, a família e os amigos.

Ser altruísta começa com a compreensão das necessidades primárias de seus liderados. Uma pesquisa da empresa Growmotely de 2021, com 520 trabalhadores remotos, revelou as três principais coisas que eles procuram em um empregador:

1. Benefícios de saúde
2. Educação e cursos de desenvolvimento profissional
3. Ter um coach para a carreira/vida/mentalidade

Como líder coach, você está perfeitamente posicionado para proporcionar o crescimento que cada um dos membros da equipe precisa. Lembre-se: os que apresentam melhor desempenho agora poderão trabalhar para qualquer pessoa no mundo, de qualquer lugar do mundo, e a pergunta que fazem é a seguinte: "Meu líder e minha organização estão atendendo às minhas necessidades de crescer por meio do desenvolvimento da educação pessoal e profissional, cursos e coaching?". O crescimento e o desenvolvimento são importantes para os trabalhadores.

Equilíbrio entre vida profissional e vida pessoal

Um dos maiores desafios das últimas décadas tem sido a questão do equilíbrio entre a vida profissional e a pessoal. As disrupções causadas pela pandemia e os desafios futuros resultantes da convergência tecnológica continuam a pôr o tema em destaque. A forma como o trabalho tem sido feito está mudando. As forças de trabalho remotas e híbridas continuam a crescer, e a tecnologia está avançando rapidamente. Mais do que nunca, é importante ter uma mentalidade altruísta com relação ao seu pessoal. Como já foi dito, é claro que qualidade de vida é sinônimo de qualidade de trabalho. A mentalidade altruísta permite que você perceba os desafios enfrentados pelos membros da equipe individualmente com relação ao equilíbrio entre trabalho e vida.

A abordagem altruísta significa que você entende muito bem que as necessidades de equilíbrio entre a vida pessoal e o trabalho da equipe são mais importantes que seu mundo perfeito de líder. Idealmente, você gostaria de ter as reuniões de equipe às 16 horas no horário do Pacífico, pois você mora na Costa Oeste. Mas se parte de sua equipe mora na Costa Leste, isso significa para alguns membros sua reunião ideal aconteceria durante a hora do jantar em família.

Enquanto você analisa a forma como lidera a equipe, observe alguns exemplos fantásticos sobre como criar essa virtude de liderança.

13 maneiras de desenvolver o altruísmo saudável

1. Gratidão pela equipe.

Reserve um tempo para criar uma lista de gratidão referente a cada pessoa de sua equipe. O que alguém fez especificamente, pelo que você é grato? Que qualidades de caráter dessa pessoa você aprecia? Que habilidade e experiência ela trouxe para a equipe? Separe um momento para identificar os pontos fortes gerais da equipe e como ajudaram a resolver problemas. Esse exercício fornecerá uma base sólida para a percepção de que seu sucesso pessoal depende de você servir e apoiar cada membro da equipe, o que lhe permitirá valorizá-los por quem eles são.

2. Conheça o porquê por detrás do porquê.

Uma das melhores maneiras de demonstrar altruísmo é realmente entendendo o porquê por detrás do porquê das pessoas com quem você trabalha. O processo de questionamento do porquê por detrás do porquê pode ser desconfortável, mas é também revelador e permite que você sirva e apoie a equipe em um nível mais profundo. A pergunta inicial é simples: "Por que você quer ter um bom desempenho?". A resposta geralmente é típica, algo que qualquer um poderia dizer. Por exemplo: "Para ganhar mais dinheiro". E as perguntas complementares sobre o porquê se aprofundam: "Por que você quer ganhar mais dinheiro?".

Reserve um tempo para deixá-los refletir sobre a resposta. Você pode obter uma resposta bastante curta, mas insista, para incentivá-los: "Por favor, me fale mais". A resposta pode ser algo como: "Se eu ganhar mais dinheiro, poderei quitar minhas dívidas". Então diga, de forma encorajadora: "Isso é ótimo!", e continue investigando o porquê. "Por que você quer se livrar da dívida?". É importante perguntar isso porque, afinal, todos querem evitar as dívidas, mas o importante aqui é o que eles farão quando quitarem as dívidas. A resposta a essa pergunta pode ser: "Quando quitar as dívidas, poderei começar a economizar". Aproveite então para fazer a próxima pergunta: "Por que você quer economizar dinheiro?". E a resposta pode ser: "Para que eu possa comprar a casa com que minha esposa e eu sonhamos". A próxima pergunta poderia ser: "Por que comprar uma casa é tão importante?". E a resposta pode ser: "Sempre quisemos começar uma família, mas esperamos primeiro ter a casa que sempre desejamos".

Agora você tem muitas percepções sobre o porquê por detrás do porquê. Consegue ver como isso muda a natureza de seu relacionamento? Após uma conversa bem curta, seu papel de gerenciamento e de maximizar uma unidade humana de produção foi transformado em um papel de líder coach — nesse caso, ajudar uma pessoa a realizar seu maior sonho.

Ponha-se agora no lugar do membro da equipe que acabou de lhe passar essa informação. Como você se sentiria se seu líder se importasse mais com o fato de você alcançar seu maior sonho que com o propósito de atingir certo número na produção, e sem causar nenhum problema? Você se sentiria incrível! É muito mais fácil ser altruísta quando você sabe o porquê por detrás do porquê.

3. *Entenda e promova o alinhamento dos sonhos.*

O alinhamento dos sonhos começa com a compreensão de que quase todos exigem tempo e dinheiro para serem realizados. Como líder coach, depois que entende o sonho do outro, o porquê por detrás do porquê, você pode conectar mais facilmente o desempenho dessa pessoa no trabalho à realização de seus sonhos.

Quase todas as grandes organizações reconhecem que, quanto melhor você se sai no trabalho, mais é recompensado pelo desempenho. Na maioria das vezes, esse reconhecimento vem na forma de salários mais altos e de promoções mais rápidas. Um dos maiores objetivos do líder coach é ajudar seu pessoal a entender que eles estão trabalhando por um sonho, não por um contracheque. Esse tipo de motivação é interna e permite que seu pessoal se sinta motivado. Se você sabe que o maior porquê de um membro da equipe é livrar-se das dívidas para poder comprar uma casa e constituir família, poderá ajudá-lo a conseguir isso mais rapidamente ao servi-lo e apoiá-lo de todas as maneiras possíveis.

Ampliar o alinhamento dos sonhos é o próximo passo. A maioria das empresas tem uma declaração de missão poderosa e, muitas vezes, uma causa motriz por detrás da declaração. As pessoas adoram trabalhar por uma causa e por um propósito maior que elas mesmas. Poucas coisas são mais poderosas que mostrar a alguém da equipe que, quando ele apresenta o melhor desempenho possível, a empresa consegue cumprir sua missão e mudar vidas, ao mesmo tempo que todos alcançam seus objetivos e sonhos mais rápido do que imaginavam ser possível. Criar o alinhamento dos sonhos permite que você, como líder coach, demonstre altruísmo em sua versão mais poderosa.

Muitas vezes, as principais disrupções, desafios e mudanças que descarrilam o alinhamento dos sonhos exigem o serviço altruísta e o apoio do líder coach. Um exemplo perfeito disso é quando um membro da equipe enfrenta uma disrupção fora dos limites do ambiente de trabalho profissional. É evidente que essa disrupção irá afetar o desempenho dele. A questão é a seguinte: você está disposto a ser altruísta o suficiente para servir e apoiar esse membro da equipe de uma forma que extrapole o que geralmente é considerado apoio profissional normal? Em minha carreira, testemunhei líderes altruístas fazerem coisas simples, como ir à lavanderia para um membro da equipe, a fim de lhe proporcionar trinta minutos extras no preparo de uma apresentação importante. Esse simples ato de serviço demonstra que o líder está focado no alinhamento dos sonhos, não na autoridade posicional.

4. Ouça.

Reserve um tempo para apenas ouvir. Todos nós temos coisas a fazer, prazos a cumprir, e projetos a serem concluídos. Ser altruísta é simplesmente deixar seus liderados saberem que são mais importantes que as coisas ou que o próprio trabalho. Isso não significa ignorar prazos nem reduzir os padrões de desempenho. Significa apenas que você está sempre ouvindo para entender mais que as palavras em si, de modo a dedicar tempo para ir mais a fundo quando necessário. Se você ouvir para entender o tom, a linguagem corporal e a energia, perceberá os sinais para fazer perguntas significativas, que lhe permitirão servir e apoiar os membros da equipe de maneira ainda melhor. Ninguém jamais reclamou: “Não gosto deles nem os respeito, porque eles me ouvem”. A escuta verdadeira é um ato altruísta, pois está relacionada com as necessidades dos outros, não com as suas.

5. Lave os pés deles.

Talvez o maior exemplo de liderança altruísta seja quando Jesus lavou os pés dos discípulos. Foi um ato incrível de altruísmo, pois os pés dos discípulos provavelmente estavam cobertos de terra, poeira e esterco, encontrados nas ruas há dois mil anos. Jesus disse: "Quem quiser tornar-se importante entre vocês deverá ser servo" (Mateus 20.26). Os líderes coaches altruístas entendem que devem servir e, ocasionalmente, "lavar os pés" dos membros da equipe.

Para ser bem claro, não estou sugerindo que você de fato lave os pés de seu pessoal, porém há muitas atividades do cotidiano que você pode assumir. Elas se enquadram na categoria "altamente indesejável", porém demonstram à equipe seu altruísmo ao servi-los. Talvez uma pergunta simples como: "O que você está com receio de fazer hoje?" pode fornecer alguma dica sobre como servir melhor cada membro da equipe. Claro que você não pode fazer tudo por eles, mas o que aconteceria se de vez em quando dissesse: "Ei, deixe-me fazer isso para você". Você acha que servindo seu pessoal dessa forma os deixaria mais propensos a servir os demais colegas da equipe?

6. Dê um "bom ter".

Minha irmã mais velha, Suzie, iniciou uma tradição familiar, a do "bom ter". Todo Natal, ela acompanhava papai na compra de um presente para mamãe. E ele precisava de toda ajuda possível! Nessas idas às compras, papai pedia a Suzie que escolhesse algo para ela enquanto faziam as compras para a mamãe. Suzie sugeriu que seria "bom ter" alguns presentes para minhas irmãs e para mim. Eram presentes realmente bons de se ter e, embora não fossem muito caros, sempre demonstraram consideração extrema. Depois que Suzie morreu, em 1995, nossa família continuou a tradição do "bom ter". No decorrer dos anos, recebi muitos presentes inesperados de minha família, dados porque "achei que você gostaria desse presente do tipo 'bom ter'". Era uma bênção dupla! Eles estavam pensando em mim e se lembrando de Suzie ao mesmo tempo.

O objetivo do "bom ter" é que esse ato demonstra consideração e ação ao mesmo tempo. Como líder coach, altruísmo é pensar em seu pessoal primeiro e com frequência. Talvez você já esteja fazendo isso, no entanto seu pessoal não tem o poder de ler sua mente. Dar a eles um simples "bom ter", que seja pessoal e do agrado deles, é uma ótima forma de preencher essa lacuna. Não basta dar-lhes a uma bebida do Starbucks: é preciso que seja a bebida favorita deles. Não dê apenas um cartão de agradecimento, mas um cartão que represente algo de que gostam. Talvez haja uma bugiganga barata que você realmente goste, então pegue uma a mais para alguém da equipe e diga algo tão simples como: "Gosto muito disto e pensei que você poderia gostar também". O "bom ter" é uma demonstração muito simples de consideração, mas que pode causar enorme impacto sobre seu pessoal.

7. Adote uma política de portas abertas.

Muitos líderes coaches praticam uma política de portas abertas, que consiste simplesmente em informar a equipe de que há sempre uma porta aberta quando se trata de discutir coisas importantes. Agir dessa forma nunca foi tão crucial quanto em tempos disruptivos e é ainda mais desafiador em situações de força de trabalho remotas e híbridas. Acredito que seja, em grande parte, uma mentalidade que os líderes coaches devem desenvolver dentro de si. Sua linguagem corporal e suas palavras devem comunicar constantemente a prontidão para levar adiante uma conversa necessária, ainda que desconfortável. Com muita frequência, no mundo dominado pelo Zoom, a comunicação e o engajamento são prejudicados, pois não há um jeito fácil de ter uma conversa de corredor ou um questionamento informal no final do dia.

Uma ótima abordagem para esse desafio é criar uma palavra-código para a política de portas abertas que inclua toda a equipe, estejam eles trabalhando presencial ou remotamente. Você pode até agendar esse tipo de conversa em seu calendário duas ou três vezes por semana e chamá-la "sessão informal", ou algo assim. Faça com que seu pessoal saiba que você está disponível nesses momentos para discutir o que estiver na mente ou no coração deles. Quando você perceber que alguém da equipe precisa conversar ou está com dificuldades, basta perguntar: "Está precisando de uma sessão informal?". O sinal que você está enviando será alto e claro e, mais uma vez, estará focado nas necessidades da pessoa.

8. Ative o modelo mental de disrupção, estilo e experiência. O modelo mental de disrupção, estilo e experiência é uma poderosa maneira de descobrir como ajudar seu pessoal, pois está focado nas necessidades deles e em como você pode servi-los e apoiá-los. Comece obtendo clareza sobre a disrupção que o membro da equipe está enfrentando. Identifique os fatos sobre o que está acontecendo e, em seguida, pense na perspectiva dele sobre como esse problema está afetando o desempenho. Depois, repasse em sua mente o método DISC e as experiências que teve com esse membro da equipe, para entender como essa disrupção específica afeta a comunicação natural e o estilo de personalidade. Por fim, revise mentalmente as experiências e as habilidades apresentadas por ele.

Após proceder a esse exercício mental, use a mesma perspectiva para se perguntar como servi-lo e apoiá-lo da melhor forma possível. Essa resposta altruísta é quase o oposto de uma resposta típica. Normalmente, quando algo atrapalha o desempenho de um membro da equipe, o líder logo pergunta: "Como isso vai afetar a mim e ao restante da equipe?". Contudo, o líder coach começa pelo lado oposto e se concentra primeiro no assunto, no estilo de personalidade, nas habilidades e na experiência do membro da equipe. Essa abordagem altruísta permite a cocriação de uma solução com o membro da equipe, com uma chance muito maior de ser implementada com sucesso. Lembre-se: o objetivo principal de um líder coach é servir, apoiar, desenvolver e ajudar cada membro a crescer. Isso pode ser alcançado da melhor forma quando houver clareza sobre o que está acontecendo no momento e sobre aquilo em que o membro da equipe precisa melhorar para alcançar o resultado desejado.

9. Mude de lugar.

Quando alguém da equipe estiver passando por um desafio, imagine-se trocando de lugar com ele. Ponha-se no lugar dele. O que ele está pensando e sentindo? Do que ele tem medo? O que o impede de seguir em frente: a mentalidade, a habilidade, o conhecimento ou as ações tomadas? Agora que está no lugar dele, como você lidaria com o desafio? A liderança coach alcança outro nível quando você é altruísta o suficiente para ver a situação a partir do outro.

10. Admita quando estiver errado ou não souber.

Ser altruísta significa não ser obcecado por estar sempre certo, mas em descobrir a verdade. Por isso, não há demérito em admitir prontamente que você está errado sobre algo ou que não sabe a resposta. Mais uma vez, seu objetivo é resolver o problema e descobrir a verdade, não apenas estar certo. Ter isso em mente faz com que você se concentre no aprendizado e no crescimento e ajuda cada membro da equipe a se desenvolver até ser capaz de resolver problemas e, no processo, crescer com isso. Como o futuro trará mais disrupção e mudança, a mentalidade altruísta permitirá a você agir mais rápido e com mais eficácia, sem desperdício de energia. Dar o exemplo nessa área também ajudará os membros da equipe a estender a mão sem hesitar em pedir ajuda e a admitir de imediato seu erro. Desse modo, todos deixarão o passado para trás, passarão a se concentrar na solução e seguirão em frente sem perder tempo.

11. Dê crédito e concentre-se na equipe.

O líder coach altruísta está sempre em busca de maneiras de identificar e dar o devido crédito a cada membro da equipe. O sucesso do líder coach depende inteiramente do desempenho combinado de toda a equipe. Destacar o que os membros realizaram e como cresceram usando esses exemplos como oportunidades de aprendizado não só irá encorajá-los, como também os capacitará a fazer o mesmo quando ocuparem posições de liderança. Poucas coisas constroem e criam a cultura e a atmosfera corretas mais rapidamente que um líder coach altruísta que sempre aponta os acertos da equipe.

12. Transforme a irritação em empatia.

Já pensou no que deixa você irritado? Cada líder coach é diferente, pois cada um tem uma combinação única de personalidade, atitudes e habilidades. Conhecer o método DISC é um componente-chave para entender o que deixa você "maluco". Portanto, se um membro da equipe o irrita de todas as formas possíveis, dê um passo atrás, desacelere e compare seu estilo de personalidade natural com o estilo de personalidade natural dessa pessoa. Use esse tempo de reflexão para transformar a irritação em empatia após identificar o gatilho da situação. Isso não significa que você irá ignorar ou desculpar a reação exagerada, desde que ela garanta uma resposta. Significa simplesmente que, quando você for lidar com a questão, fará isso com uma atitude de compreensão e empatia, não com uma exasperação indulgente. Essa é uma das maneiras mais poderosas observáveis de demonstrar altruísmo em suas interações diárias com a equipe. Significa realmente viver a paciência.

13. Sirva sem expectativas pessoais.

Servir sem expectativas pessoais talvez seja a parte mais difícil. Afinal, quando você põe o coração no trabalho e se esforça para garantir o desenvolvimento de todos os membros da equipe, é natural esperar reciprocidade. Mas tenha em mente que há uma diferença entre expectativas de desempenho e expectativas pessoais. Não se trata de baixar o padrão das expectativas de desempenho, mas de servir os membros da equipe de maneira personalizada caminhando uma milha a mais e sem nenhuma expectativa de que lhe retribuam o favor. Os líderes coaches altruístas nunca pensam: "Se eu fizer isso por eles, eles farão aquilo por mim". Em vez disso, pensam: "Se eu fizer isso por eles, imagine quanto os ajudará a crescer!". As pessoas em desenvolvimento são quase sempre felizes e satisfeitas. E pessoas felizes e satisfeitas são muito mais propensas a construir relacionamentos positivos e duradouros. Os membros da equipe que têm um ótimo relacionamento com o líder expressam gratidão a ele não por lhe dever isso, mas porque são gratos. Não há testemunho melhor para um líder coach que uma equipe agradecida por sua liderança.

Veremos agora alguns exemplos de ações altruístas de líderes, que demonstram muitas das 13 atitudes que acabamos de discutir.

Chris Widener, autor, coach e palestrante conta a seguinte história:

> Foi um astro da NBA quem fez uma das coisas mais gentis por mim. Era 1977, e eu tinha 11 anos. Tinha acabado de conseguir o emprego dos sonhos: garoto das toalhas do Seattle SuperSonics (agora conhecido como Oklahoma Thunder)! No entanto, certa tarde, dois meses depois de começar o trabalho, caí de um telhado enquanto brincava com alguns amigos e quebrei os braços.
>
> Apareci no jogo seguinte do Sonics e entrei na sala de treinamento. Meu chefe, o treinador Frank Furtado, estava enfaixando os tornozelos de Dennis Johnson, que na época estava começando a se destacar como jogador e viria a ganhar o prêmio MVP (Jogador Mais Valioso) das finais da NBA no ano seguinte, tornando-se um dos melhores jogadores defensivos da história da liga.
>
> Ambos olharam para mim e riram. Minha aparência estava engraçada, com os dois braços engessados até os bíceps. Perguntei a Frank se conseguiria manter meu emprego. Ele disse: "Se você conseguir fazer seu trabalho, pode ficar com ele".
>
> Não havia muita chance de eu conseguir fazer meu trabalho, porque a primeira coisa que eu tinha de fazer em todos os jogos, assim que chegava, era preparar dois jarros de cinco galões de Gatorade e deixá-los a 200 jardas da lateral da quadra.
>
> Entrei na sala para fazer o Gatorade e mal consegui prepará-lo. Enquanto tentava, DJ entrou e disse que eu devia arrastar as jarras até fora do vestiário (para que Frank pudesse me ver fazendo meu trabalho) e esperar que ele

terminasse o aquecimento. E foi o que fiz. Mal consegui arrastar os jarros pelos seis metros até a entrada do vestiário, quanto mais 200 jardas até a quadra!

Depois de alguns minutos, DJ apareceu outra vez. Ele me deu uma bola de basquete e disse: "Carregue isso". Então pegou os dois jarros e os carregou até a quadra para mim... pelas seis semanas seguintes, enquanto meus braços saravam. Seu gesto altruísta de gentileza me permitiu manter o emprego, que eu teria por sete anos e que foi um dos destaques da minha vida.

Olhando em retrospecto, o que tornou aquela situação ainda mais surpreendente é que as primeiras 100 jardas eram percorridas por túneis subterrâneos, mas depois as portas se abriam para um saguão, por onde os jogadores deveriam passar diante dos fãs para chegar à quadra. A cada jogo, durante seis semanas, DJ humilhou-se e deixou que os fãs o vissem carregando os jarros de Gatorade para que um garotinho pudesse manter o emprego dos sonhos.

Para mim, isso mostra o espírito da mensagem de Martin Luther King: "Bondade entre as raças. Amor. Serviço. Humildade".

DJ morreu há alguns anos de ataque cardíaco, enquanto exercia a função de treinador, mas deixou uma profunda marca em minha vida sobre como devemos tratar uns aos outros, independentemente da cor da pele.

Meu amigo de longa data, Brian Miller, compartilhou comigo a seguinte história:

Tenho visto muito altruísmo ao longo dos anos como empresário e veterano, mas uma história me vem à mente — um ato praticado por mim, na verdade. Aconteceu por volta de 1997. Eu frequentava a escola, trabalhava em tempo integral e servia na Guarda Nacional. Minha esposa estava grávida, e já tínhamos dois filhos pequenos, de 4 e 2 anos. Eu era supervisor em uma empresa de telemarketing e responsável por centenas de funcionários.

Cerca de um mês antes do Natal, uma jovem veio até mim. (Desculpem, não consigo lembrar o nome dela, mas nunca vou esquecer o que aconteceu.) Ela disse que precisava fazer horas extras no mês seguinte e que gostaria de um aumento. Dava para ver que estava chateada, e perguntei o que estava acontecendo. Ela começou a chorar. Disse que iria para a cadeia dali a um mês, logo após o Natal. Contou-me que ajudara a criar o irmão, porque o pai não estava por perto e a mãe tinha dois empregos e ainda usava drogas. Ela disse que o irmão estava sempre se metendo em problemas, e dessa vez havia matado uma pessoa. Ela tentou convencê-lo a ir embora, mas ele chorava de soluçar e ficava fugindo da polícia. Ela não podia virar as costas para ele, então o escondeu. Mas a polícia o encontrou, e ele foi para a prisão. Ela também foi condenada por ajudar um criminoso: recebeu uma sentença de dezoito meses. Chorando, concluiu: "Tenho uma filha de quinze meses. Quero apenas dar um bom Natal à minha bebê antes de ir! Ela vai para um orfanato, porque ninguém da minha família vai querer ficar com ela, e eu vou ter de lutar para recuperá-la quando sair".

Fiquei profundamente comovido e fui falar com o chefe. É claro que ele disse não. Mais tarde, naquela noite, fui para casa e relatei o caso à minha esposa. Estávamos sem dinheiro, quero dizer, vivendo de macarrão com queijo, mas sentia que precisava fazer alguma coisa. Perguntei a Mary Lee, minha esposa, se eu poderia dar cem dólares àquela moça. Ela concordou. Agora cem dólares não parece muito, mas na época era uma tonelada de dinheiro para nós.

Na manhã seguinte, chamei a funcionária ao meu escritório. Expliquei que a empresa não queria dar horas extras nem aumento. Então lhe disse: "Ainda quero ajudá-la. Sei que não é muito, mas fique com estes cem dólares". Qualquer pessoa teria pensado que eu tinha dado a ela um bilhete de loteria premiado.

Ela começou a chorar e me abraçou por um longo tempo. Experimentei algo difícil de explicar com relação àquele momento. Foi como se Deus estivesse sorrindo. Realmente, parecia que era eu quem havia recebido um presente. Não sei se ela ainda pensa nisso, mas tudo que sei é como me senti depois daquele momento. Foi uma das melhores sensações que já tive, e ainda penso naquela situação de vez em quando, principalmente perto do Natal. Você realmente pode ter o que quiser na vida, basta ajudar as pessoas a conseguir o que querem.

Jim Gardner é coach, palestrante, consultor e amigo de longa data. Ele me contou a seguinte história:

> Ano passado, fiz parte de uma equipe de Tough Mudder no Colorado. Um dos nossos companheiros, veterano do exército, tem apenas uma perna: a outra foi amputada na altura do quadril. Mas esse companheiro de equipe estava determinado a participar e a completar de muletas a corrida de quase 6 quilômetros e 15 obstáculos.

> Após 800 metros de corrida e três obstáculos, nosso companheiro e veterano do exército já estava com bolhas nas axilas e nas palmas das mãos. Mas não pretendia desistir.
>
> Um dos meus colegas de equipe é preparador físico. Ele disse: "Começamos como equipe, terminaremos como equipe, sem deixar ninguém para trás".
>
> Ele então carregou nos ombros o veterano do exército pelo restante do trajeto e dos obstáculos, cerca de 5 quilômetros, e na altitude do Colorado! Era algo que ninguém mais em nossa equipe seria fisicamente capaz de fazer.
>
> Foram mais de 12 mil competidores naquele difícil desafio de lama e obstáculos. Tão logo o treinador começou a carregar o companheiro, os outros competidores começaram a notar seu gesto altruísta. O barulho dos aplausos começou a se intensificar.
>
> Quando nossa equipe cruzou a linha de chegada, os milhares de competidores das outras equipes estavam torcendo e chorando de alegria ao testemunhar uma liderança genuína e de autossacrifício em tempo real.
>
> Nossa equipe poderia ter concluído a corrida mais rapidamente se tivéssemos abandonado nosso veterano do exército após o terceiro obstáculo. Mas ninguém poderia ter completado de maneira melhor o percurso naquele dia, depois de termos experimentado o mais importante na vida: carregar o irmão quando ele não consegue mais carregar a si mesmo.

Steve Collins, palestrante e coach certificado pela Ziglar Legacy, relatou-me o seguinte:

> Craig Owen, meu amigo de longa data e proprietário do nosso escritório de San Antonio, contratou-me como

coach há cinco anos. Ele sabia que meu objetivo era transmitir o legado da Ziglar e então deixar a empresa para servir um número maior de pessoas em todo o mundo. Ele fez tudo que estava ao seu alcance para me ajudar a ingressar nessa próxima fase da minha vida, embora, pela graça de Deus, eu tenha conseguido causar um impacto significativo na produtividade e na cultura do nosso escritório ao longo daqueles cinco anos. Ele sabia desde o começo que eu iria embora, mas foi solidário e me apoiou durante todo o processo.

Ao refletir sobre essas histórias de altruísmo, reserve um tempo para rever as 13 maneiras de demonstrar altruísmo a quem você serve e lidera. Ao pensar nas seguintes questões, anote três opções, da lista de 13, que você tentará demonstrar na prática para como resposta a cada pergunta.

- Em que coisas específicas você poderia se concentrar intencionalmente todos os dias para construir altruísmo em si mesmo?
- Que coisas específicas você poderia fazer por aqueles a quem serve e lidera e que demonstrem altruísmo por eles?
- Como você incentivaria outros líderes de sua organização a se tornarem mais altruístas em sua abordagem?

CAPÍTULO 5

VIRTUDE 3: RESPEITO

Tema: *Dar para receber.*

Quem sai à guerra precisa de orientação, e com muitos conselheiros se obtém a vitória.

— **Provérbios 24.6**

Quando eu era criança, ficou claro para mim que uma das melhores formas de respeitar os outros era por meio da linguagem. Cortesia e respeito comuns me foram ensinados pelas palavras que meus pais usavam. Eles nunca me permitiram falar mal de mim mesmo nem de qualquer outra pessoa. Palavrões não eram tolerados nem palavras ditas com raiva. O poder da língua era bem conhecido e profundamente respeitado em nossa casa, por sua capacidade de curar e de magoar.

Quando comecei a trabalhar em nossa empresa, tive a oportunidade de viajar com meu pai quando ele palestrava para clientes corporativos. Meu trabalho era carregar as malas e vender os livros e programas de áudio no fundo da sala quando ele terminava de falar. Também participei de alguns jantares chiques e era convidado para o salão nobre antes de papai palestrar. Isso me permitiu conhecer algumas pessoas bem-sucedidas e influentes em todas as esferas da vida. Em quase todos os casos, esses líderes de grandes empresas demonstravam cortesia, hospitalidade e respeito a todos com quem os vi se comunicar. Papai e eu tivemos muitas conversas sobre como aqueles líderes tratavam as pessoas. Logo aprendi que ele respeitava as pessoas que respeitavam pessoas.

Em uma dessas viagens, fomos convidados para uma pequena reunião de liderança de uma empresa muito bem-sucedida de petróleo e gás. Dava para ver que muitos dos executivos haviam construído seu caminho na organização por longos anos. Eram membros de equipe leais e longevos que tinham investido a maior parte de sua vida na empresa. Também dava para ver que se conheciam muito bem. Contudo, algo mais ficou também evidente para mim: os xingamentos faziam parte da cultura deles! Crescer em uma casa e trabalhar em uma empresa em que os palavrões não existiam... bem, fizeram com que aquilo representasse um grande choque para mim.

Depois de ficarmos lá por um tempo, tive um momento a sós com papai e mencionei os palavrões. Nunca vou esquecer o que ele me disse: "Filho, nunca confunda as palavras usadas por alguém como sinal de pouca inteligência ou falta de educação. Esta sala está cheia de pessoas inteligentes, com as quais podemos aprender muito. E, com base no histórico deles, é óbvio que se deram bem na vida. No entanto, não é uma pena que, mesmo sem saber, estejam alienando algumas pessoas pelas palavras que escolhem usar?".

Aquela foi a primeira vez que percebi em primeira mão, em um ambiente empresarial, como é essencial respeitar os outros, mesmo que sua linguagem, formação ou cultura sejam diferentes da minha. Uma das coisas que um líder coach pode fazer é procurar coisas em cada membro da equipe que sejam dignas de respeito.

Alguém está sempre observando

Mostrar respeito pelos outros é sempre uma boa prática. Sua forma de tratar as pessoas, principalmente as que estão ali para servir, diz tudo sobre você e constitui um exemplo poderoso. Mamãe e papai costumavam ir à Cafeteria Luby's (brinco ao dizer às pessoas que fui desmamado na Luby's!). Na verdade, ir à Luby's era como comer em casa. Quando entravávamos, mamãe abraçava a moça do caixa, que ela conhecia pelo nome, e perguntava sobre a família dela. Enquanto a fila andava, papai dava a cada funcionário uma breve palavra de encorajamento e perguntava como eles e a família estavam. Quando eu era adolescente, costumava revirar os olhos, mas já adulto percebi que o prato do papai continha porções extraordinariamente maiores de qualquer coisa que ele pedisse. Aquilo se tornou um problema, a ponto de ele pedir que parassem de colocar tanta comida em seu prato! Anos depois, ainda encontro pessoas que lembram o respeito com que papai e mamãe tratavam os funcionários da cafeteria — como se fossem família. Como líder coach, se você deseja que os membros da equipe tratem uns aos outros com respeito, comece a tratar todos dessa maneira também.

Respeito nem sempre significa aceitação

Uma das disrupções e desafios que enfrentamos no clima dos negócios de hoje é a ascensão da cultura do cancelamento.

Com muita frequência, pessoas são automaticamente rebaixadas por causa de uma diferença de opinião. É o cúmulo do desrespeito, porque respeito é reconhecer o direito básico da outra pessoa de ter opiniões e crenças diferentes das suas. O líder coach entende que não se pode conquistar respeito desrespeitando os outros. Respeitar alguém não significa automaticamente concordar com suas crenças e opiniões: é simplesmente reconhecer isso nele.

Há muitos anos, nossa empresa assinou um contrato de treinamento com uma grande organização governamental. Fomos chamados para auxiliar os funcionários que trabalhavam nas dezenas de cabines de pedágio administrando os estacionamentos, a fim de estruturar a equipe e ajudá-la no atendimento ao cliente. Um recibo era entregue aos clientes com o carimbo de data e hora, e eles pagavam conforme o tempo de uso, ou seja, ao sair pagavam uma taxa com base no tempo que o carro ficara estacionado.

Krish Dhanam era o chefe de nossa equipe no projeto de treinamento. Após a devida diligência, ele criou um programa de treinamento personalizado, depois que detectou uma cisão entre muitos dos funcionários do pedágio. A brecha fundamental envolvia a perspectiva dos funcionários sobre seu emprego. Os operadores das cabines de pedágio tinham de conversar com as pessoas, cobrar o pedágio e muitas vezes resolver a questão de um recibo perdido, que regularmente levava a interações acaloradas com os clientes. As condições de trabalho estavam à mercê do clima, ou seja, os operadores ficavam expostos ao calor, à chuva e ao frio extremos, pois era necessário manter a janela e a porta abertas para atender os clientes.

A cisão entre os funcionários envolvia o grau de dificuldade do trabalho e era definido em linhas culturais. Cerca de metade dos funcionários eram imigrantes do mundo todo. Aquele trabalho muitas vezes representava o primeiro passo daquelas pessoas para viver o sonho americano. Muitos deles mal podiam acreditar que tinham um escritório privativo. Ficavam surpresos ao ver que o escritório tinha ventilador e aquecedor, além de uma cobertura para mitigar os desafios do clima. Como grupo, eram gratos pela oportunidade de fazer aquele trabalho.

A outra metade era composta de cidadãos comuns, que queriam ver melhoria nas condições de trabalho e não gostavam do fato de outros funcionários, que não ficavam expostos aos elementos severos do clima, ganharem o mesmo salário. Quando a questão foi abordada nas reuniões de equipe, nenhum dos lados conseguiu entender a perspectiva do outro, pois estavam todos focados na própria perspectiva.

Ao criar o criou o programa de treinamento sobre formação de equipes, Krish resolveu ignorar a expressão da moda na época, "diversidade cultural". Em vez disso, concentrou-se em um termo que criado por ele, "semelhança cultural". Quando me explicou o funcionamento do programa, declarou que se baseara parcialmente na própria experiência como imigrante da Índia.

Krish chegou aos Estados Unidos com 9 dólares no bolso e imediatamente encontrou trabalho em busca de seu sonho americano. Ele ficou muito impressionado com a oportunidade à sua frente, em comparação com o que havia deixado para trás, assim como os imigrantes que trabalhavam nas cabines de pedágio.

Krish informou-me que iria se concentrar nas semelhanças e nos valores culturais que ambos os grupos tinham em comum para construir uma ponte que unisse a equipe. E a semelhança principal era o respeito, que lançou as bases para o treinamento. Krish sabia que o desejo de ser respeitado é uma característica universal. Ao perguntar a todos na aula de treinamento o que valorizavam e como queriam ser tratados, ficou claro que todos desejavam a mesma coisa. A cisão ocorria porque eles não tinham dedicado tempo para entender a perspectiva, a experiência e a forma como o outro fora criado.

Da mesma forma que Krish, como líder coach você deve estar pronto para saber como seus liderados irão reagir às disrupções, aos desafios e às mudanças. Muitas vezes, a desconexão que você percebe em sua equipe provém da falta de compreensão e de respeito entre os membros. Como líder, você tem a responsabilidade de demonstrar e criar respeito por toda a equipe e pela empresa. Veja a seguir dez maneiras de criar, demonstrar e aumentar o respeito em sua organização.

Dez maneiras de criar, demonstrar e aumentar o respeito

1. *Respeite-se.*

O respeito começa quando a pessoa respeita a si mesma. Você se respeita o bastante para crescer e desenvolver intencionalmente todas as áreas de sua vida? Tem trabalhado sua mentalidade e sua espiritualidade todos os dias? E a saúde física? Está se movendo ativamente em direção ao seu propósito e construindo relacionamentos com pessoas que o valorizam, respeitam e querem o melhor para você? Sua conversa pessoal é positiva e edificante? Você é seu maior apoiador? Espera de si mesmo mais, menos ou o mesmo que espera dos outros? Já definiu limites saudáveis para sua vida? Defende a si mesmo tanto quanto defende os outros? O líder coach entende que o respeito ao próximo é muitas vezes uma reação à forma como ele é visto respeitando a si mesmo.

2. *Defina o que você entende por respeito.*

O que respeito significa para você? Reserve um tempo para elaborar uma lista de razões pelas quais você sabe que é respeitado. Para você, respeito significa que as pessoas o ouvem atentamente, chegam no horário, reconhecem seu valor, mesmo quando não o conhecem intimamente, e lhe dão o devido crédito? Ao elaborar a lista, concentre-se no que você sente quando alguém lhe mostra respeito. Em seguida, compare a lista com o que relacionamos aqui e pergunte a si mesmo: "Se eu tratar os outros como quero ser tratado, com respeito, eles se sentirão respeitados?". Ao estudar essa pergunta, você poderá descobrir, como líder coach, que certos tratamentos que precisa dispensar aos outros estão além da forma que você deseja ser tratado.

3. *Comunique-se e ouça.*

Você se comunica e ouve os outros da mesma forma que deseja que eles se comuniquem com você e o ouçam? Como já foi dito, todos têm um estilo de personalidade particular e um jeito preferido de se comunicar. Uma das melhores maneiras de mostrar respeito é por meio da escuta ativa e de perguntas intencionais. Ser 100% presente, com linguagem corporal engajada e com perguntas curiosas, mostra à outra pessoa que ela tem sua atenção. Poucas coisas mostram mais respeito que isso. Ao ouvir alguém, procure fazê-lo mais para entender que para compartilhar conhecimento. A escuta ativa, com perguntas intencionais, irá proporcionar uma grande percepção sobre o que a outra pessoa está pensando e sentindo.

Quando você combina isso com uma compreensão dos estilos de comunicação, como o método DISC, você pode adaptar a conversa à escuta mais atenta da pessoa. Essa abordagem mostra respeito, pois reconhece que você está se comunicando da maneira que agrada o outro, não como você gostaria de se comunicar. Isso mostra respeito, pois faz com que o outro saiba que é importante.

4. *Observe a perspectiva do outro.*

Uma das melhores maneiras de mostrar respeito é olhar para uma situação do ponto de vista da outra pessoa. Diante de uma importante conversa coaching, é uma ótima estratégia de preparação elaborar um modelo mental de como você deseja que a conversa aconteça. Modelo mental é apenas uma série de perguntas que você faz a si mesmo sobre a conversa que está prestes a ter. Que resultado você deseja? O que a outra pessoa está pensando e sentindo? Quais as ideias e perspectivas únicas da outra pessoa relacionadas com essa situação? Quais os pontos fortes e fracos da outra pessoa? Que barreiras essa pessoa enfrenta e de quais recursos dispõe ou precisa ter para ser bem-sucedida? Que perguntas você poderá fazer para entender melhor a perspectiva dela? Todas essas perguntas permitem que você enxergue melhor a perspectiva da outra pessoa. Um dos benefícios de entender a perspectiva de um membro da equipe é que você pode apoiá-lo à medida que metas são estabelecidas para o crescimento dele próprio. Conhecer a origem de alguém permite que você o conduza da melhor forma para onde ele pretende ir. Na verdade, as pessoas muitas vezes hesitam em aceitar sua orientação até saber que você se preocupa com a origem delas.

5. *Faça perguntas (seja o primeiro a perguntar).*

Mostrar respeito significa perguntar primeiro. Isso começa com uma saudação, um acolhimento, um aperto de mão e todo o alcance social que faça alguém se sentir bem-vindo. Ser o primeiro a fazer as perguntas faz com que o outro se sinta apreciado. A melhor maneira de fazer isso é por meio de perguntas francas, seguidas de questões abertas.

Bob Tiede, meu amigo e mentor, observa: "A liderança não está tão relacionada com saber as respostas certas quanto está com fazer as perguntas certas!". E ele escreveu um excelente livro intitulado *Now That's a Great Question* [Essa é uma ótima pergunta], que traz dezenas de exemplos de perguntas que podem ser feitas. Quando perguntar, lembre-se sempre de que o propósito por detrás de cada pergunta é entender melhor a pessoa e a situação, para que você possa servi-la de maneira eficaz, após identificar a melhor maneira de resolver problemas e descobrir a verdade.

6. *Comemore.*

A gratidão é uma das emoções humanas mais saudáveis, e uma das melhores maneiras de demonstrar gratidão à equipe é comemorando seus sucessos. A celebração não precisa ser enorme nem elaborada, mas deve ser significativa e específica. Quando você utiliza certos momentos para reconhecer especificamente um trabalho bem feito, seja por um indivíduo, seja pela equipe, você está dizendo a todos que eles são valorizados e respeitados. Na comemoração, é preciso ser específico sobre o que se realizou, de preferência explicando como e por que foi realizado.

Todos gostam de reconhecimento, especialmente quando se é específico sobre o que foi feito. Isso faz com que a comemoração e o respeito alcancem outro nível, além de ser algo significativo. Isso pode ser feito de duas maneiras. Em primeiro lugar, o reconhecimento deve refletir a maneira como o indivíduo gosta de ser reconhecido, o que significa levar em conta sua personalidade. O extrovertido pode preferir uma reunião de equipe, uma chance de conversar e de comemorar com comida. O introvertido pode preferir um e-mail copiado para a equipe e para a liderança da empresa. Em segundo lugar, o reconhecimento deve fazer uma conexão direta ente o que foi realizado e as virtudes de caráter que a pessoa demonstrou ao realizar o feito. É bom comemorar resultados. Melhor ainda é comemorar a forma como os resultados foram alcançados. Nunca se esqueça que reconhecer alguém de maneira incorreta pode ser tão ruim quanto não o reconhecer em absoluto.

7. Mantenha sua palavra.

A chave número um para o sucesso de longo prazo de um líder coach é a integridade. Em última análise, a maneira como sua equipe e sua empresa julgam sua integridade diz respeito a como você mantém sua palavra. O respeito é obtido ou perdido não apenas pelo que você diz, mas também pelo que você não diz. Manter a palavra começa com a forma como você define integridade e compromisso em todas as comunicações e relacionamentos.

Como é sua palavra? Não se trata só do que você diz e das promessas que faz, mas também dos padrões que estabelece. Se você optar por adotar as dez virtudes descritas neste livro como o alicerce para construir sua carreira como líder coach, então precisará viver de acordo com elas e também chamar a atenção dos membros da equipe ou daqueles na empresa que violarem essas dez virtudes. Muitas vezes, o respeito é perdido porque os líderes não exigem dos outros o mesmo padrão. Isso é especialmente verdadeiro no ambiente empresarial, quando os líderes expressam publicamente no que acreditam, mas permitem que os membros da equipe violem essas crenças, sem nenhuma consequência. Sua palavra, e o padrão que você estabelece devem ser honrados por você em todos os momentos, ou não haverá respeito algum.

Quando sua palavra não é
boa, você não é bom.
— **Zig Ziglar**

8. Nivele a confiança.

Há alguns anos, tive a oportunidade de me encontrar com Seth Godin. Antes de nosso encontro, fiz algumas pesquisas para saber qual era o foco dele e descobri o conceito de "nivelamento de confiança", cunhado por ele. Quando lhe perguntei o que significava o nivelamento da confiança, ele respondeu: "Em cada interação, a confiança cresce ou diminui".

Quando conversamos com um membro da equipe, enviamos um e-mail, publicamos algo nas redes sociais, apresentamos um projeto ou entregamos um produto ou serviço, o receptor da informação tem o nível de confiança em nós aumentado ou diminuído. Por causa disso, Seth disse-me que nosso objetivo deve ser aumentar a confiança a cada interação. Mais confiança significa melhores relacionamentos e abre portas para que ela ocorra em todos os tipos de negócios. Sempre que pegarmos um atalho e minarmos nossa palavra ou falharmos em um compromisso, estaremos corroendo a confiança. Quanto mais a confiança é corroída, mais o relacionamento se desgasta, e há menos probabilidade de novos negócios serem realizados.

No livro *Os segredos da arte de vender*, Zig Ziglar escreve que existem cinco razões pelas quais as pessoas não compram: não há necessidade, não há dinheiro, não há pressa, não há desejo e não há confiança. A maior razão pela qual as pessoas deixam de comprar, porém, é a falta de confiança. Em nossa conversa, Seth explicou que quando estabelecemos confiança superamos a maior objeção da outra pessoa ao negócio, e tudo que resta é encontrar uma solução que atenda às necessidades dela. Separe um momento para examinar esse conceito, como líder coach. Você pode não estar vendendo um produto ou um serviço para sua equipe, mas está constantemente vendendo ideias, objetivos e uma visão. Você está aumentando a confiança a cada conversa que tem com a equipe e na empresa? Consegue manter um relacionamento significativo sem confiança? Consegue ter confiança sem integridade?

9. *Não faça fofocas — nunca!*

A fofoca ou a intriga é a coisinha que pode, com o tempo, destruir o respeito da equipe pelo seu líder. Fofocar é simplesmente falar negativamente de alguém ou de algo para alguém que não tem poder ou a capacidade de consertar a situação. A fofoca é usada por pessoas para crescerem à custa das outras — e uma forma infalível de perder o respeito. Se você é conhecido como alguém propenso a fazer intrigas, os membros da equipe deixarão de lhe confiar informações essenciais em tempos de disrupção. O líder coach entende desde o início que, se o que está sendo dito não beneficia as pessoas envolvidas nem resolve o problema, então não deveria ser dito. Viver e fazer da equipe uma zona livre de intrigas cria uma atmosfera de confiança e respeito. Ninguém quer a preocupação de precisar saber o que está se diz pelas suas costas.

Mais uma coisa: quando a fofoca é publicada nas redes sociais, ela se torna nuclear, e as consequências podem arruinar uma carreira. Jamais faça isso. Como líder coach, dê o exemplo em suas redes sociais e esteja pronto para esclarecer sua opinião sobre o assunto perante a equipe.

10. Permita que suas virtudes guiem suas ações.

Ser gentil e buscar o melhor de forma altruísta criam um respeito profundo e duradouro. Como líder coach, se você fosse lembrar apenas de uma coisa com relação a demonstrar, criar e conquistar respeito, seria esta: seja gentil. A gentileza tem a incrível capacidade de extrair o melhor das pessoas. O respeito precisa ser restabelecido quando um membro da equipe, propositadamente ou não, se mostra desrespeitoso. Ser gentil é uma forma poderosa de neutralizar a situação e também pode ser o padrão estabelecido para ajudar as pessoas a reparar relacionamentos difíceis. O desrespeito costuma se manifestar na linguagem corporal e no tom da voz, mais que pelo confronto. Esse desrespeito sutil é muitas vezes ignorado e geralmente resulta em grave disrupção. Ele é evitado quando o padrão de gentileza é definido o quanto antes e no mais alto nível com a equipe.

Informe a equipe que você agirá e se comunicará com eles de maneira gentil em todas as situações, independentemente das emoções envolvidas, e que você espera o mesmo da parte deles. Assim, quando alguém mostrar desrespeito revirando os olhos ou falando demais você poderá ter uma conversa coaching em particular com ele. Uma forma simples de iniciar a conversa é perguntar o que está acontecendo assim que perceber esse comportamento. Deixe-o explicar e, em seguida, diga que o motivo de estar tocando no assunto é porque se trata de um sinal de desrespeito, e você quer ter certeza de que não houve essa intenção. Após ouvir a resposta, seja enfático: "Um dos valores de nossa equipe é a gentileza". E pergunte como a gentileza estaria refletida nesse comportamento. Shaunti Feldhahn observa: "Gentileza é mais que apenas ser gentil: é deixar de apresentar comportamentos indelicados". Respeito e gentileza andam de mãos dadas. É impossível ser ao mesmo tempo gentil e desrespeitoso.

A busca pelo melhor se concretiza dando crédito e tornando a situação pessoal. Uma forma de construir respeito é informar que você respeita as pessoas pelo caráter, pela integridade, pelos princípios e pelos valores delas. Muitos apoiam essa ideia da boca para fora, porém ela assume um significado bem mais profundo quando associada a um comportamento específico e observável.

Suponha que um membro da equipe esteja trabalhando em um projeto para uma das contas. Pouco antes do prazo, ele o procura e diz ter constatado um problema que pode atrasar a entrega, e quer deixá-lo ciente disso. Em seguida, ele chama os outros envolvidos no projeto para explicar o problema, e juntos buscam uma solução. Esse membro da equipe, sem o conhecimento de ninguém, passa a noite inteira resolvendo todas as questões. No dia seguinte, em uma reunião de recapitulação, você descobre o que ele fez e fica impressionado.

A forma típica de se dar crédito nesse exemplo seria dizer: "Ótimo trabalho" e em seguida expressar esse reconhecimento diante dos colegas, por ele ter ido além do esperado. Como líder coach, porém, você sabe que pode afirmar, reconhecer e comemorar os resultados de maneira muito mais poderosa, ou seja, identificando especificamente as qualidades de caráter que o membro da equipe demonstrou na solução do problema. Isso pode ser verbalizado individualmente, em uma reunião de equipe ou mesmo por e-mail. Seja qual for o meio, a chave é agradecer ao profissional por ter estabelecido, com seu alto desempenho, um padrão mais elevado e por se mostrar gentil e respeitoso ao trabalhar com os colegas em uma situação difícil.

O líder coach nunca perde uma oportunidade de dar crédito, especialmente quando os valores fundamentais da pessoa se alinham com os da empresa, e essa é a razão do sucesso do projeto.

Engajamento, colaboração e criatividade

Um dos desafios mais significativos enfrentados pelo líder coach de hoje está em criar uma atmosfera em que o engajamento, a colaboração e a criatividade sejam abundantes. O ritmo acelerado da mudança, combinado com a força de trabalho híbrida, tornou extremamente difícil criar um ambiente que permita às equipes fazer o melhor trabalho. Sem respeito mútuo entre todos os membros da equipe, é impossível mantê-los engajados colaborando e inovando por muito tempo.

Observe duas maneiras práticas de demonstrar, criar e desenvolver respeito no âmbito da equipe, de modo a aumentar o envolvimento, a colaboração e a criatividade.

1. Apreciação, inspiração e reconhecimento (AIR).
Todos, especialmente uma equipe de alto desempenho, precisam do AIR (apreciação, inspiração e reconhecimento). Quando você fornece AIR ("ar", em inglês) puro, o respeito

cresce exponencialmente. Uma prática recomendada para suas reuniões com a equipe pode ser iniciar a agenda com o AIR. Reserve os primeiros cinco a dez minutos da reunião para seguir este simples procedimento. Como líder coach, você deve ser o primeiro a falar; depois, conforme a equipe for se sentindo confortável com o exercício, você pode pedir que os outros contribuam também. Observe esta pauta de quatro etapas como se *você* estivesse liderando o exercício AIR:

Passo 1: Introdução. Bem-vindos à nossa reunião de hoje. Vamos começar. Quero iniciar esta reunião de equipe com AIR, e, claro, todos sabem que AIR significa apreciação, inspiração e reconhecimento.

Passo 2: Apreciação. Quero começar agradecendo a John por ter chegado cedo hoje e por ter preparado tudo. Isso facilitou minha vida e fez com o que o dia de todos na equipe ficasse melhor. Obrigado, John, pelo que você faz! Quem mais gostaria de mostrar algum apreço por alguém da equipe?

Dê a uma ou duas pessoas a chance de conversar ou de elogiar um colega, e abra mais espaço se tudo estiver indo bem. (Tempo total: dois a três minutos.)

Passo 3: Inspiração. Encontrei uma citação com a qual tento viver de acordo e quero compartilhar com vocês: "Você pode ter tudo o que quiser se fizer esforços para ajudar outras pessoas a terem o que elas querem". É uma frase de Zig Ziglar, e acredito realmente nisso. Em minha vida, descobri que sou muito mais bem-sucedido e feliz quando estou focado em resolver os problemas de outras pessoas, em vez de me concentrar em minhas necessidades.

Sou grato pela vida de cada um de vocês, por também viverem essa citação e pela forma como trabalhamos juntos como equipe.

Você pode contar uma história, ler parte de um livro, usar uma citação, tocar uma música, qualquer coisa que inspire o grupo a um padrão mais elevado. Pode também pedir aos membros da equipe com antecedência que forneçam a inspiração, pois assim todos compreenderão melhor essa parte da pauta. (Tempo total: dois a quatro minutos.)

Passo 4: Reconhecimento. Quero neste momento expressar meu reconhecimento a Becky por um trabalho bem-feito. Ontem você conseguiu a conta Baker, e sei que trabalhou nisso por vários meses. Você fez um lindo trabalho na proposta e foi muito criativa com as soluções oferecidas. Estou especialmente satisfeito com a forma como apresentou nossos valores e vendeu os benefícios de se trabalhar conosco. Isso exigiu muita convicção e coragem de sua parte, pois, ao não baixar o preço, havia o risco de o cliente recusar a proposta. Sua crença em nossos produtos e serviços nos permitiu oferecer uma solução de alto nível com integridade, pois temos margem para dar apoio a 100% da conta. Você também pode perguntar a outros membros da equipe se querem reconhecer o trabalho de mais alguém, que tenha ajudado em algum projeto ou a resolver um problema.

2. As reuniões de equipe são inclusivas, respeitosas, e todos podem ser ouvidos.

A segunda maneira prática de promover o respeito na equipe tem a ver com a forma como você conduz as reuniões. O Projeto Aristóteles, desenvolvido pelo Google e que trata da construção de equipes eficazes, descobriu os três principais componentes das grandes equipes.[1] O *como* é essencial em todas as reuniões e ainda mais importante quando os membros da equipe não estão juntos na mesma sala. Como líder coach, observe as três chaves para garantir que o respeito seja criado e que você obtenha o maior benefício das reuniões de equipe.

> **Chave 1:** Todos em sua equipe devem se sentir incluídos na reunião. Se vocês estiverem fisicamente juntos na mesma sala, isso significa que todos estão sentados à mesa. Em um ambiente de equipe mista ou remota, é fundamental que todos os que precisam estar na reunião sejam convidados. Deve-se cogitar também o convite a quem não desempenha um papel ativo na reunião, mas que precisa saber o que está acontecendo. Não incluir certas pessoas na reunião por motivos práticos pode ser lógico, mas em uma força de trabalho híbrida pode levar à sensação de isolamento.
>
> Questões adicionais a considerar incluem estabelecer o padrão para participação e para engajamento. Recomendo fortemente que todas as câmeras estejam ligadas, a fim de que todos possam ter um engajamento ativo, mesmo participando remotamente. Bate-papos e compartilhamentos de documentos que contribuam com a reunião são outras maneiras de criar inclusão e engajamento. O benefício do vídeo, do áudio e da palavra escrita é o que eles permitem que as preferências individuais de comunicação se destaquem. Uma ótima forma de levar os introvertidos a se sentirem incluídos é permitindo que contribuam via chat ou documento compartilhado e, em seguida, pedindo

[1] DUHIGG, What Google Learned from Its Quest to Build the Perfect Team, cit.

que expliquem o que escreveram. Como líder coach, você deve determinar o equilíbrio e a frequência adequados às suas reuniões. Não incluir pessoas e ter poucas reuniões leva ao desengajamento e ao isolamento. Reuniões em excesso, que tomem mais tempo que o necessário, leva à exaustão e à perda de produtividade. Por isso, é fundamental que toda reunião tenha uma pauta e que cada pessoa conheça com antecedência seu papel e o que se espera dela na reunião. O principal a ser lembrado é que reuniões orientadas por pauta serão muito mais eficazes se todos na equipe forem incluídos.

Chave 2: Todos devem se sentir bem-vindos e seguros. O respeito é construído nas interações da equipe quando todos se sentem seguros em contribuir e em compartilhar ideias e informações com o grupo. Muitas vezes, isso exige coragem e vulnerabilidade dos membros, principalmente quando admitem que precisam de ajuda para encontrar uma solução. Se os membros da equipe se sentirem atacados ou humilhados por outros membros, eles não compartilharão a necessidade de ajuda nem ideias para possíveis soluções. Como líder coach, você precisa estabelecer desde o início o que é respeito em uma reunião de equipe, e isso inclui tom verbal e gestos físicos. Nada irá isolar um membro da equipe mais rapidamente que um tom áspero, seguido de olhos revirados e gestos de desrespeito. O líder coach deve liderar pelo exemplo, ao admitir vulnerabilidades e reconhecer que não têm respostas para todos os problemas. Se necessário, assumirá o controle da reunião se a discussão se tornar muito intensa e apelará para conversas coaching particulares com os membros da equipe.

Chave 3: Todos devem ser ouvidos. Esse conceito é fundamental, principalmente nas equipes menores, em que é normal todos se pronunciarem em algum momento da reunião. Equipes bem-sucedidas dependem da contribuição de cada um de seus membros, mas não é todo mundo que tem a personalidade ou o estilo para fazê-lo com facilidade. Como líder coach, seu objetivo é induzir cada membro a falar e a contribuir em todas as reuniões.

Uma ótima forma de gerenciar essa expectativa é ter diante de si o nome de todos os que participam da reunião. À medida que avança na pauta, faça uma marcação ao lado do nome da pessoa toda vez que ela falar. No meio da reunião, observe quem ainda não falou. À medida que a reunião prossegue, faça perguntas envolventes dirigidas a quem ainda não falou, para que a opinião deles também seja conhecida. Por exemplo: "Lisa, dá para ver que você está pensando na situação. O que acha que devemos fazer?"; ou: "O que gostaria de acrescentar?"; ou: "Como você vê isso funcionando na sua área?". Perguntas de engajamento mostram respeito a todos os participantes.

Um novo membro ou alguém que não trabalha diretamente em um projeto pode não ter muito a acrescentar, mas às vezes é a perspectiva dele que transforma uma boa ideia em uma grande ideia. Ao respeitar todos os participantes e obter o envolvimento deles, você estará criando aceitação para quaisquer decisões tomadas. Todo mundo gosta de ser ouvido, e as pessoas também entendem que nem todas as recomendações serão postas em prática. Lembre-se: quem se sente respeitado por ser questionado e ouvido irá se mostrar muito mais propenso a apoiar o curso de ação determinado pelo líder.

Como líder coach, você entende e acredita que precisa dar respeito para obtê-lo. Respeito é reconhecer o valor de cada pessoa. Todo mundo tem uma perspectiva e experiências próprias, e, embora nossas opiniões e crenças possam divergir, devemos respeitá-las, porque toda pessoa tem esse direito. O líder coach sabe que avanços e inovações geralmente nascem de novas e diferentes perspectivas, e o respeito permite que sejam compartilhadas, em vez de permanecer ocultas.

Considere estas três perguntas relacionadas com o respeito:

- O que posso fazer hoje para que eu me respeite mais?
- Como mostrar, criar e construir respeito entre os membros da minha equipe?
- Como respeitar meus líderes de maneira mais visível?

CAPÍTULO 6

VIRTUDE 4: HUMILDADE

Tema: *Não seja orgulhoso nem arrogante.*

Ser humilde e curioso ao mesmo tempo é algo que constrói pontes e resolve problemas. As perguntas são as respostas, e o poder da pergunta depende da humildade do líder. C. S. Lewis observa: "Humildade não é pensar menos de si mesmo; é pensar menos em si mesmo".

Em 2019, fui convidado para palestrar na Universidade Estadual de Youngstown, em Ohio. O evento foi possível graças a Greg Smith e foi organizado por Adam Earnhardt. Em uma das sessões, perguntei ao grupo o que era o oposto da gratidão. Fiz essa pergunta a muitos grupos, e aquela foi a primeira vez que alguém respondeu corretamente, e na primeira tentativa.

Uma jovem disse: "Achar que tem o direito".

A humildade permite que você seja grato pelo que tem.

A arrogância cria a sensação de se ter o direito e faz você se ressentir pelo que não tem.

Humildade e gratidão estão inextricavelmente entrelaçadas.

Zig Ziglar disse: "Quanto mais você expressar gratidão pelo que tem, mais motivos terá para agradecer".

A gratidão permite que você se concentre no que tem em tempos de disrupção.

A sensação de se ter o direito faz com que você se fixe em como as coisas injustas, devido ao que você não tem em tempos de disrupção.

Começo este capítulo justapondo *gratidão* à *sensação de se ter o direito*, pois no mundo dos negócios é frequente que líderes imaturos não percebam o retorno quando se investe em humildade. Os líderes coaches maduros, no entanto, entendem que a humildade e a gratidão serão pedras fundamentais quando a disrupção chegar. Nossa cultura é baseada em desempenho, o que normalmente significa que nosso valor (e, infelizmente, nossa autoestima) anda de mãos dadas com nossos resultados. Isso leva à competitividade e a uma projeção doentia de orgulho e arrogância. A arrogância de "fingir até conseguir" transforma-se em uma disposição de julgamento contra quem não "ganhou" respeito. Quando você blefa com relação às suas inseguranças ou sua falta de experiência e de conhecimento para alcançar seus objetivos, começa a presumir que todos agem da mesma forma. A arrogância manifesta-se no ato de mascarar o que você não sabe para depois se concentrar em expor o que os outros desconhecem. Arrogância significa argumentar para vencer, em vez de questionar para descobrir a verdade. Se você é muito talentoso e experiente, essa abordagem costuma dar ótimos resultados, até tudo mudar. Líderes arrogantes sentem-se bem em subir a escada pisando nos outros.

Em liderança, a humildade é uma abordagem completamente diferente. Líderes humildes apreciam o fato de que não sabem tudo. Por quê? Porque, se soubessem tudo, parariam de crescer. A mudança e a disrupção que estão por vir só serão aceitas e resolvidas na proporção de sua capacidade de aprender e crescer. A humildade permite que você reconheça de imediato que não tem a resposta, mas provavelmente conhece as pessoas que a têm.

Como líder coach, faça a si mesmo as seguintes perguntas, a partir de uma posição de humildade:

- Como você vê seus colegas e seus liderados?
- Você é grato pelas habilidades e experiências deles?
- Você se concentra nos pontos fortes deles ou nos pontos fracos?
- Você acha que seu trabalho é persuadi-los a aceitar seu ponto de vista?
- Você tem curiosidade quanto às perspectivas, crenças e recomendações deles?

A resposta que você dá a essas perguntas diz muito sobre sua mentalidade para com as pessoas ao seu redor no que diz respeito à sua humildade e arrogância.

Você pode ser humilde e confiante ao mesmo tempo? Sim!

Ser humilde não significa fraqueza nem falta de confiança. Na verdade, um sinônimo de "humildade" é "mansidão", que significa poder com restrição. Se uma criança de 3 anos ameaça lhe bater, você fica com medo, se defende ou apenas sorri e a pega no colo para abraçá-la? Ser humilde vem de saber quem você é, de entender seus pontos fortes e fracos e de assumir a responsabilidade de aprender e crescer nas áreas que impedem que isso aconteça. Seguir em frente não se trata de empurrar os outros para trás, mas de crescer por si mesmo.

A confiança de curto prazo (arrogância) é construída sobre as próprias realizações e exige vitórias constantes.

A confiança de longo prazo (humildade) é construída quando você conhece o processo de aprendizagem e de resolução de problemas, além de ter a convicção de que não é obrigado a saber tudo — precisa saber apenas que perguntas fazer e a quem perguntar.

A diferença entre confiança de curto e de longo prazo é uma das maiores lições que a pandemia de covid-19 nos ensinou. Muitos líderes aparentemente fortes perderam a capacidade de liderar, pois a disrupção foi tão grande que as vitórias de curto prazo, necessárias para manter a autoconfiança, deixaram de acontecer. Esses líderes, por arrogância, sentiram como se sua única responsabilidade fosse encontrar respostas para problemas que não conseguiam resolver. Se a autoconfiança de um líder é a principal maneira de inspirar confiança na equipe, essa confiança irá desmoronar rapidamente entre os membros, caso ele perca a confiança em si mesmo.

A humildade entende que a confiança de longo prazo é construída quando as coisas certas são feitas da maneira certa. Os líderes coaches sabem que a confiança de longo prazo é criada por meio de relacionamentos construídos com caráter e integridade e com a crença de que perguntas poderosas e curiosas alimentam a colaboração, a criatividade e a cocriação de soluções inovadoras para os desafios mais difíceis. A humildade está ansiosa para dar crédito onde o crédito for devido e celebrar a contribuição de todos.

O impacto da tecnologia

A humildade desempenhará um papel essencial em sua capacidade de aceitar as grandes mudanças que estão por vir devido aos avanços da tecnologia. Em *O futuro é mais rápido do que você pensa* (São Paulo: Objetiva, 2021), Peter H. Diamandis e Steven Kotler discutem o conceito de convergência tecnológica. Avanços tecnológicos maciços estão surgindo enquanto você lê este livro:

- A tecnologia blockchain[1] mudará a forma como os negócios são feitos.
- A conexão 5G pode ser até 100 vezes mais rápida que a 4G.
- A computação quântica é 100 trilhões de vezes mais rápida que a computação clássica.
- A IA avança rapidamente e muda a cara dos negócios.
- A tecnologia de armazenamento de bateria está transformando *Os Jetsons* em realidade.

Cada uma dessas tecnologias mudará radicalmente a forma como trabalhamos e vivemos. Convergência é quando essas tecnologias se unem e causam um impacto exponencial. Em novembro de 2020, iniciei o processo de refinanciamento de nossa casa para aproveitar os juros historicamente baixos. Tive de apresentar mais de 50 documentos para obter a aprovação, que demorou quase noventa dias. Para tornar a situação ainda mais frustrante, meu empréstimo foi de apenas 40% do valor da casa, sem direito a resgate. As normas do

[1] Mecanismo de banco de dados avançado que permite o compartilhamento transparente de informações na rede de uma empresa. [N. T.]

governo projetadas para me proteger acabaram me custando dinheiro e muito cabelo! Tecnólogos acreditam que em um futuro próximo esse tipo de transação financeira será feita por meio da tecnologia blockchain. Simplificando, cada pessoa terá a própria carteira blockchain segura — todas as informações serão confidenciais e poderão ser armazenadas com segurança. Acredita-se que o registro de cada transação financeira já feita por você será armazenada nesse local. Toda compra, contracheque, fatura fiscal, saque e todos os pagamento efetuados por você ou a você serão registrados e salvos.

Como resultado, a obtenção de um empréstimo para obtenção da casa própria avançará da seguinte forma:

- Você solicita um empréstimo.
- O credor solicita acesso aos seus registros financeiros de blockchain.
- Dez minutos depois, você receberá um e-mail com a informação de que seu antigo empréstimo foi pago e que seu novo empréstimo tem os seguintes detalhes de pagamento inclusos...

A convergência de IA, blockchain, 5G e supercomputação sem interação humana fará em menos de dez minutos o que hoje uma equipe de pessoas leva noventa dias para fazer.

Humalogia

A palavra "humalogia" foi cunhada por Scott Klososky, fundador da Future Point of View (FPOV). Humalogia é uma estrutura para descrever a mistura de seres humanos e tecnologia. Enquanto escrevia este livro, tive várias conversas com Scott sobre as mudanças que a tecnologia está trazendo para os líderes. Ele descreveu o conceito de humalogia e uma escala fácil de entender, a fim de explicar a direção que o futuro vem tomando. A escala tem dez pontos. O primeiro ponto na extremidade esquerda é rotulado como H5, e o ponto mais à direita é rotulado como T5. H5 significa uma função completamente humana, e, conforme você passa da esquerda para a direita, a função muda de humana para tecnológica, com T5 sendo uma função totalmente tecnológica. O meio da escala é representado como um zero (0) e significa uma relação 50/50 entre humano e tecnologia.

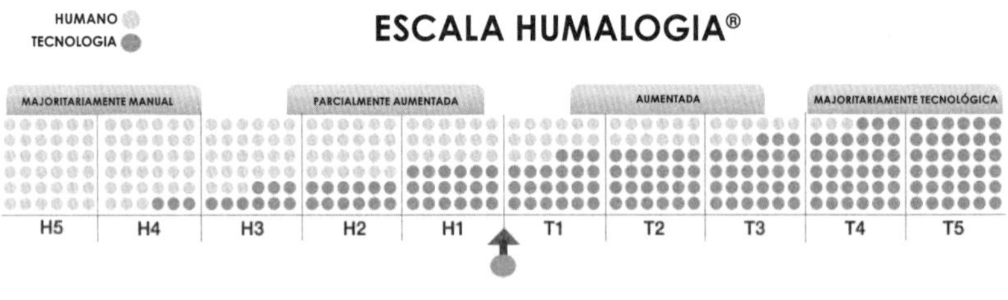

Reflita sobre sua experiência de trabalho e onde você vê a humalogia acontecendo em sua empresa. Há pouco tempo, você faria uma ligação e falaria com a recepcionista, que passaria a ligação para a pessoa com quem você queria conversar. Agora fazemos uma chamada e temos de responder a um menu-robô com poucas chances de realmente falar com um humano. Em um próximo futuro, uma voz orientada por IA responderá às nossas perguntas, e jamais falaremos com um ser humano, embora pareça. Esse é um exemplo da escala da humalogia no trabalho.

Humildade, humalogia e líderes coaches

Perguntei a Scott o que os líderes deveriam estar preparando com relação às mudanças tecnológicas. Ele respondeu que eles devem entender a necessidade de abraçar a tecnologia para liderar com eficácia no novo mundo. Os líderes mais velhos e mais experientes geralmente relutam em adotar novas tecnologias que os ajudem a exercer uma liderança mais eficaz. Hoje, com cada vez mais pessoas trabalhando remotamente ou em ambientes híbridos de trabalho, as oportunidades para reuniões presenciais de *brainstorming* focadas em criatividade e inovação são menos frequentes. No entanto, novas tecnologias de colaboração estão sendo criadas e podem tornar a inovação muito mais plausível em um ambiente remoto. Os líderes que entenderem isso e tiverem humildade para abandonar velhos hábitos e aprender algo novo terão uma grande vantagem. É preciso coragem e humildade para tentar uma inovação e potencialmente parecer um novato diante dos liderados mais jovens, que se adaptam com muita facilidade às novas tecnologias.

A humildade traz encorajamento e lhe permite fazer perguntas que mudem sua vida com relação a si mesmo e aos outros, como: "O que está me impedindo de causar o máximo de impacto?".

Assim como no exemplo da tecnologia de colaboração, é uma ótima prática identificar os problemas que impedem você e sua equipe de avançar e em seguida adotar a aprendizagem da solução, mesmo que lhe seja desconfortável. Inúmeras vezes em minha carreira de palestrante, pediram-me para falar a um público que não era o ideal para mim. A arrogância teria dito: "A maioria das pessoas gostam da sua fala do jeito que ela é, então cabe a elas acatar a forma como você costuma se apresentar". Em vez disso, tornei-me intencional sobre a principal razão de estar ali: não é sobre mim, é sobre eles!

Meu objetivo é causar o maior impacto possível, e faço isso aceitando os fatos em torno de qualquer evento (público composto de jovens, idosos, acadêmicos) e de limitações peculiares (como ter apenas 15 minutos para a apresentação ou ser o último palestrante no final de um evento cansativo de quatro dias). Depois de fazer as perguntas e entender os fatos, posso me concentrar em soluções que permitam um impacto maior. Não gosto de ser o último orador ao final de um longo dia, mas pode ser que aconteça. Diante disso, como energizar a plateia e mudar minha apresentação para obter o impacto máximo? É certo que não sei tudo e que as circunstâncias podem não ser ideais, porém minha escolha foi a forma de abordar a solução. Por ter começado com humildade (é sobre eles, não sobre mim), consegui fazer as perguntas certas e apresentar as melhores soluções. Essa é a abordagem que todo líder coach deve adotar.

Quem eu conheço que possa fazer isso melhor que eu?

Vários anos atrás, estava tomando o café da manhã com meu amigo e mentor Bob Tiede. Ele é especialista em perguntas, então sempre que nos encontramos sei que ele vai me ajudar a descobrir algo novo por esse método.

A pergunta inicial naquela manhã foi: "Como você está?".

Respondi que estava bem no geral e que a empresa estava indo bem, mas que eu estava me sentindo sobrecarregado.

Então ele fez uma pergunta de acompanhamento, como sempre: "Pode me falar mais sobre isso?".

Disse-lhe que todos os dias havia muita coisa para fazer e que estávamos passando por muitas mudanças, e isso me deixava sobrecarregado.

Então ele repetiu a pergunta: "Pode falar mais sobre isso?".

Expliquei que minha frustração por estar sobrecarregado era o fato de as pessoas me trazerem ótimas ideias, que eu sabia que deveríamos pôr em prática, mas simplesmente não havia abertura necessária para a execução, e aquilo me frustrava.

Bob retrucou: "Você está se fazendo a pergunta errada. A questão não deveria ser: 'Como faço isso?'. A pergunta deveria ser: 'Quem deveria fazer isso?'. Veja bem, quase sempre há alguém mais capacitado que você para resolver o problema ou implementar uma boa ideia, e é seu trabalho repassar a tarefa a essa pessoa".

Entender esse conceito é como virar o jogo. A humildade nos permite assumir a responsabilidade não por realizar a tarefa ou pela pressuposição de que somos os únicos a ter a resposta, mas por encontrar a melhor pessoa para fazer o trabalho.

O que eles sabem e que posso aprender com eles?

Imagine que lhe foi atribuído um projeto com grandes implicações, mas com um prazo curto, em uma área na qual você tem apenas um entendimento geral. No entanto, em sua equipe há um novo membro que, pelas suas informações, tem muito conhecimento nessa área, devido a um trabalho anterior. O que você faz?

Entrega a ele o projeto e diz: "Faça-o!"?

Diz a ele exatamente como você quer que seja feito e passa a microgerenciar?

Faz uma série de perguntas, como:

- Você já trabalhou em algum projeto como este?
- Como foi?
- Que desafios você enfrentou?
- Sabendo o que você sabe, é capaz de traçar um plano para esse projeto?
- Como posso ajudar?

Claro que essa série de perguntas é o caminho a ser percorrido. Ainda assim, deixamos escapar todos os dias a oportunidade de trabalhar com pessoas que foram bem-sucedidas em projetos similares durante meses ou mesmo anos. E se você fizesse perguntas como:

- Estou curioso. Como ou onde você aprendeu a fazer dessa maneira?
- Já pensou em fazer isso de outro jeito, mas mudou de ideia? Por quê?
- Sei que nossos recursos para este projeto são limitados. Caso contrário, o que você faria diferente?
- Do que você mais se orgulha com relação a este projeto?
- O que foi frustrante neste projeto?

Essas perguntas funcionam melhor quando feitas com humildade, pois a pessoa percebe que você está genuinamente interessado no que faz e a sabe a razão de ter feito certas escolhas. Poucas coisas são mais impactantes que demonstrar genuíno interesse por alguém, e isso só pode ser feito quando a humildade se destaca e diz: "Ensine-me. Quero entender e saber o que você sabe".

O que preciso fazer para me proteger de minhas fraquezas?

Todos nós temos fraquezas e pontos cegos. Os líderes coaches reconhecem e buscam ajuda para seus pontos cegos, mas isso não acontece sem algum nível de humildade. Costumo confiar nas pessoas automaticamente e dar a todos o benefício da dúvida. Aprendi algumas duras lições ao longo do caminho e agora, se as apostas são altas, procuro receber contribuições de quem realmente confio e que não tenha nenhum ponto cego nessa área. Mas no início de minha carreira recebia muitas contribuições e as ignorava. Então minha pergunta é a seguinte: minha arrogância ou minha humildade me põe em apuros? Muitas vezes, a humildade é a cerca que nos protege de decisões ruins.

A arrogância diz: "Nunca farei isso".

A humildade diz: "Só porque nunca fiz, não significa que nunca farei".

A humildade reconhece o valor dos limites e da responsabilidade dos parceiros.

Nunca derrube uma cerca até que você saiba a razão pela qual foi colocada ali.

— G. K. Chesterton

À medida que crescemos como líderes empresariais, é fácil esquecer nossas fraquezas ou acreditar erroneamente que elas não constituem mais uma ameaça. É um enorme erro! Quanto mais responsabilidade e autoridade você tiver, maior o imperativo de se proteger das próprias fraquezas e dos pontos cegos.

Do que preciso para assumir total responsabilidade e controle?

Steve Krivda, palestrante e coach da Ziglar Legacy, observa: “A maioria dirá que fará qualquer coisa para atingir os objetivos... exceto assumir responsabilidade por estar onde está”. Steve atinge um fator-chave no que se refere à diferença entre bons líderes e grandes líderes coaches.

Todos nós temos uma história. As coisas acontecem conosco além do nosso controle e por causa das escolhas que fazemos. A história de cada pessoa é única.

Observe a seguinte pergunta: você assumiu o controle e a responsabilidade pelo lugar onde está agora? É preciso humildade para fazer isso, porque todos nós temos coisas sobre nós mesmos das quais não nos orgulhamos e que desejaríamos que fossem diferentes. Em muitos casos, não somos responsáveis pelo que acontece conosco, e sim pela forma como lidamos com o que nos acontece. A humildade nos permite olhar para nossas respostas e fazer a pergunta simples: “Como vou lidar melhor com isso da próxima vez?”.

A arrogância ou o orgulho diriam: “O que você esperava? O que aconteceu comigo foi terrível, e é claro que reagi!”.

A humildade diria: “O que aconteceu comigo foi terrível, e posso fazer melhor da próxima vez, escolhendo reagir de forma diferente”.

A humildade nos ajuda a ver a necessidade de nos apropriarmos da resposta.

Fale a verdade com amor

Ao estudar as virtudes que nos permitem liderar de forma eficaz em tempos disruptivos, lembrei-me de um estudo que fiz anos atrás, com base em uma pergunta simples: "Como seguidor de Cristo, que virtude de caráter seria a mais importante a desenvolver, pela perspectiva de Deus?". Mesmo que você não seja crente, creio que verá o poder dessa pergunta e da resposta. Se quiser, é possível mudar a pergunta: "Como humano, que virtude de caráter eu poderia desenvolver para ter a vida mais gratificante possível?".

Em meu estudo, encontrei palavras como "amor" e "humildade". São virtudes universais a que Deus dá grande valor, mesmo para quem não é cristão. Então no livro de Steven Fry, *True Freedom* [Verdadeira liberdade],[2] deparei com a palavra "quebrantamento". O quebrantamento é a forma definitiva de humildade. No contexto espiritual, não significa que você esteja quebrantado a ponto de não poder fazer nada. Significa que você entende que, sem a ajuda de Deus, não há nada de significância eterna a ser feito.

A arrogância diz: "Não preciso da sua ajuda".

A humildade diz: "Preciso da sua ajuda".

O quebrantamento diz: "Preciso da ajuda de Deus".

É aqui que fica interessante. O principal atributo da pessoa quebrantada é que ela fala a verdade com amor. A verdade nunca é usada como um martelo ou como uma "pegadinha", mas sempre como uma forma de ajudar o receptor a descobrir o que é verdadeiro. A verdade é compartilhada em amor

---

[2] FRY, Steven. **True Freedom:** What Christian Submission and Authority Look Like. Grand Rapids, Michigan: Chosen Books, 2008.

para benefício do outro, não usada como arma para iluminar a presunção. A verdade compartilhada com arrogância costuma afastar as pessoas, mas quando dita com humildade e quebrantamento tem muito mais chances de ser levada em consideração pelo receptor.

Ousadia

O quebrantamento e a verdadeira humildade produzem um resultado surpreendente: a ousadia. Um desafio comum a todos nós é o de sermos amados e, com sorte, respeitados. Medimos cuidadosamente nossas palavras e ações, na expectativa de sermos apreciados e aceitos pelas pessoas ao nosso redor. É por isso que as pessoas logo ficam parecidas com aquelas com quem passam o tempo. Queremos tanto ser aceitos que, em vez de fazer e dizer o que é certo, fazemos e dizemos o que o grupo aprecia. Como se pode ver, escolher o grupo errado pode ter consequências terríveis. O grupo errado precisa da verdade falada com amor mais que qualquer coisa, e é preciso que uma pessoa humilde e quebrantada dê isso a eles.

A pessoa humilde e quebrantada entende que sua responsabilidade é falar a verdade — a verdade de Deus — com amor. E, por ser a verdade de Deus, não há responsabilidade alguma pela forma como é recebida. Essa profunda compreensão e aplicação da humildade e do quebrantamento significa que, se você comunica a verdade com amor, não se preocupará com a forma como a pessoa com quem você a está compartilhando irá recebê-la. A reação ou a resposta da pessoa à verdade com amor está entre ela e Deus. O que ela faz com isso é problema dela, e não importa como se sinta com relação a essa verdade. Seu valor e sua posição estão seguros, e o fato de a outra pessoa gostar ou não é algo que não depende de você, mas da relação dela com a verdade.

Imagine que sua equipe esteja indo bem e todos os oito membros estejam superando as expectativas. Um dia, você percebe certa tensão, e vem ao seu conhecimento que um dos melhores profissionais está fazendo intriga contra um colega. Esse profissional é muito querido e influente, além de ser vital para o sucesso da equipe, e costuma apoiar você.

A ginástica mental é iniciada quando você se põe a pensar em como abordar a situação. As perguntas começam a lhe passar pela cabeça: "Como ele vai reagir? Vai continuar gostando de mim e me apoiando? Como isso afetará a equipe? Se eu não fizer nada, o assunto se resolve sozinho?".

Pare!

Lembre-se: o problema não é entre você e esse profissional. Na verdade, é preciso certo nível de arrogância para acreditar nisso. O problema é entre o profissional e o que é verdadeiro e correto. Ele está do lado errado, e você, como o líder coach, conhece a verdade e tem a responsabilidade de comunicá-la com amor para que ele possa voltar a trilhar o caminho certo. O desafio não é sobre como ele reagirá a você, mas como responderá à verdade. Isso permite que você seja ousado, pois a aceitação ou rejeição da verdade por parte dele não significa que esteja aceitando ou rejeitando você, mas aceitando ou rejeitando a verdade.

Contexto empresarial

Howard Partridge, nosso coach na Ziglar exclusivo para pequenas empresas, apresenta essa abordagem com um modelo de pergunta simples. Uma vez estabelecido e verificado com quem você está falando (o melhor profissional da equipe), estando você ciente do comportamento e tendo ele concordado com o que aconteceu, faça-lhe as seguintes perguntas:

- "Você poderia me dizer qual a declaração de missão da nossa empresa?" (Todos na equipe devem sabê-la de cor. E, se a declaração de missão for muito complexa para ser facilmente lembrada, é algo que precisa ser revisto.) O profissional deve repeti-la.
- "Pode me dizer também quais são os valores da nossa empresa?" (Uma lista simples e fácil de lembrar dos valores da empresa é importante, pois representa a verdade e o que é correto para a empresa.) Mais uma vez, ele deve repetir a lista.
- "Ajude-me a entender como seu comportamento [um exemplo específico relacionado com a intriga] nos ajuda a cumprir nossa missão e a defender nossos valores".

Essa abordagem, se realizada a partir de uma posição de humildade (pois o padrão se aplica a você também) com amor, fará com que o problema agora seja entre o profissional e a declaração de missão e os valores da empresa.

O objetivo desse exemplo é mostrar o que acontece quando você se afasta da arrogância (é sobre mim) para se aproximar da humildade (é sobre você e algo maior que você). A humildade nos permite fazer o que é certo, com amor, sem nos preocuparmos com reações ou respostas, pois quando a verdade é dita com amor a situação passa a ser entre o indivíduo e a verdade.

A humildade não diz respeito ao profissional nem ao líder coach: diz respeito a algo maior que ambos. Humildade significa pensar em um panorama ampliado.

A humildade e o melhor profissional da empresa

Atrair, desenvolver e manter os melhores profissionais é um desafio contínuo e cada vez mais difícil. Antigamente, muitos empregos eram definidos pela geografia e pela formação acadêmica. Ter as credenciais certas e morar perto do escritório eram fundamentais para conseguir o emprego. Hoje os melhores profissionais podem viver em qualquer lugar do mundo e trabalhar para quem quiserem, e seu valor é baseado menos no que já sabem e mais no fato de poderem resolver novos problemas de maneiras inovadoras.

Quase todos, especialmente os melhores profissionais, inconscientemente se perguntam: "Meu líder está me impedindo de crescer ou está me motivando?". O progresso na carreira e na realização de objetivos e os sonhos pessoais costumam andar de mãos dadas. Os melhores profissionais são assim porque possuem uma habilidade inata para medir o próprio desempenho e crescimento. Como parte dessa avaliação, eles se perguntam: "Meu líder está fornecendo as ferramentas, o suporte, a atmosfera, o desenvolvimento, a cultura de equipe, a colaboração, a inovação, o entendimento e os adicionais de que preciso para apresentar meu melhor trabalho?". Se a resposta for negativa, o que você acha que os melhores profissionais fazem? Eles deixam a empresa, pois sabem que, no longo prazo, a melhor chance de alcançar seus objetivos acontece quando a liderança os apoia.

E os profissionais médios ou bons? Embora possam não ter assumido o controle a total responsabilidade pelo próprio sucesso como profissional de alto desempenho, eles ainda olham para o líder e o veem como alguém que os ajuda a progredir ou que os impede de seguir em frente. Essa visão se torna hiperfocada em tempos de disrupção, desafio e mudança. Se você não fizer as coisas para construir e desenvolver seu pessoal quando tudo está indo bem, não terá a confiança para fazer isso na hora da disrupção.

Humildade, criatividade, cultura, saúde mental e questionamento

Imagine que você está liderando uma equipe de alto desempenho. Alguns trabalham em sedes de empresas e outros remotamente. Você tem uma clássica equipe mista, pois é raro estarem todos juntos na mesma sala. Você acha que seus melhores profissionais preferem ouvir o que devem fazer, quando fazer e como fazer? Ou acha que eles prefeririam ser consultados sobre como fazer o que precisa ser feito no prazo e dentro do orçamento e sobre o que precisam?

Acontece que todos preferem ser consultados a ser informados sobre o que fazer, especialmente em sua área de especialização. A humildade dá às perguntas do líder coach mais credibilidade e poder, pois mostra que a pergunta está focada no funcionário, não em você. A humildade lhe permite concentrar-se nas necessidades dele, de modo que você fica mais preparado para lidar com os três grandes desafios da equipe de trabalho mista: criatividade, cultura e saúde mental.

Nicholas Bloom é professor de economia na Universidade Stanford, e fez uma extensa pesquisa sobre o impacto do trabalho remoto na produtividade e no desempenho. Ele observou que "os problemas recorrentes no trabalho remoto são criatividade, cultura e saúde mental".[3]

Os líderes coaches reconhecem que a disrupção no trabalho remoto requer uma abordagem proativa para essas preocupações. A humildade permite ao líder coach buscar soluções na

---

[3] Apud Dom Nicastro, Does Netflix CEO's "Pure Negative" Comment on Working from Home Have Merit? **Reworked**, 22 out. 2020. Disponível em: <https://www.reworked.co/digital-workplace/does-netflix-ceos-pure-negative-comment-on-working-from-home-have-merit>.

própria experiência, para isso fazendo a si mesmo perguntas mais profundas.

1. **Criatividade.** Como criar uma atmosfera de criatividade nas reuniões individuais e de equipe quando usamos tecnologia? Que perguntas preciso fazer? Que ferramentas preciso fornecer? Que métodos de acompanhamento preciso implementar?
2. **Cultura.** Como usar nossa declaração de missão e nossos valores para elevar o padrão? Como criar engajamento e interação positiva? Como aproveitar os pontos fortes de cada membro da equipe?
3. **Saúde mental.** Como reconhecer que o equilíbrio entre vida pessoal e profissional pode facilmente sair do prumo? Como oferecer suporte aos desafios do trabalho remoto? Como lidar com o estresse adicional que a disrupção e a mudança acarretam sobre cada membro da equipe?

E se...

E se você fizer uma pergunta para a qual não sabe a resposta? É aí que a humildade desempenha um papel importante em seu sucesso como líder coach. Se o fato de não saber a resposta a uma pergunta cria frustração ou ressentimento, então você está sendo movido pelo ego e pelo orgulho. Se, em vez disso, desperta a curiosidade e o desejo de aprender, então o ponto de partida é a humildade. Se seu foco é ajudar a outra pessoa, você está no lugar certo com relação à humildade.

Todos — não só os melhores profissionais — adoram trabalhar onde são valorizados e reconhecidos. Enquanto avançamos para o futuro, os melhores profissionais terão cada vez menos restrições sobre onde trabalhar, pois a geografia e a formação acadêmica terão cada vez menos significado, à medida que forem substituídas pelas tecnologias convergentes.

Já citamos Zig Ziglar: "As pessoas não se importam com quanto você sabe até que saibam quanto você se importa... com elas".

A humildade permite que isso seja possível. Ser grato por seu pessoal, por sua singularidade e por seus pontos fortes lhe permitirá extrair o máximo da capacidade de cada um. Identificar os desafios que seu pessoal enfrenta lhe permitirá fazer as perguntas necessárias para descobrir como apoiá-los e ajudá-los a crescer da melhor maneira. Os melhores profissionais permanecem onde estão crescendo e alcançando seus objetivos pessoais e profissionais.

Humildade também significa aceitar e se comprometer a viver de acordo com a missão e os valores da organização para a qual você trabalha. É impossível ser um líder verdadeiramente humilde sem antes ser humilde com base em um padrão mais elevado que você mesmo. Um dos maiores benefícios disso tudo ocorre quando você está em posição de ser ousado e de encarar o desafio imediatamente sempre que um membro tiver uma atitude ou um comportamento prejudicial à equipe e à organização. Isso pode ser descoberto em uma conversa coaching com uma simples pergunta ao indivíduo: "Ajude-me a entender como isso [atitude ou comportamento] apoia a missão e os valores da empresa". Ser humilde deixa claro que o problema está entre a pessoa e a missão e os valores da empresa.

Os líderes coaches humildes são capazes de servir e apoiar seus liderados sem se sentir ameaçados ou "inferiores" por não saberem a resposta para uma pergunta difícil. Reflita sobre estas três questões considerando a humildade a única maneira de crescer:

- Como você poderia se tornar um líder humilde?
- Como você intencionalmente demonstraria humildade ao trabalhar com cada membro da equipe e nas reuniões de equipe?
- Que perguntas você poderia fazer à sua liderança para liderar sua equipe de maneira mais eficaz e humilde?

Como líder coach, seu objetivo é criar automaticamente uma atmosfera na qual as pessoas ao seu redor possam florescer em todas as áreas da vida: no trabalho, em casa e em todos os seus relacionamentos. Isso só acontecerá se você se tornar de fato uma pessoa que vive as virtudes da gentileza, do altruísmo, do respeito e da humildade. Adote a prática diária de revisar sua programação de reuniões antes do início do dia refletindo sobre como abordar cada interação com base nessas quatro virtudes. Trace um círculo em volta da última frase, se você acredita que essa prática fará de você um líder coach mais eficaz.

SEÇÃO DOIS

COMO DEVEMOS SER?

Virtudes focadas na preparação da equipe

O amor é paciente, o amor é bondoso. Não inveja, não se vangloria, não se orgulha. Não maltrata, não procura seus interesses, não se ira facilmente, não guarda rancor. O amor não se alegra com a injustiça, mas se alegra com a verdade. Tudo sofre, tudo crê, tudo espera, tudo suporta.

O amor nunca perece [...]

Assim, permanecem agora estes três: a fé, a esperança e o amor. O maior deles, porém, é o amor.

— 1Coríntios 13.4-8,13

Seu pessoal sabe que você os ama? Muitas vezes, pensamos que sim. Ou pensamos que eles sabem que os amamos, porque nos julgamos por nossas intenções, não por nossas ações. Nosso pessoal, porém, nos julga por nossas ações. Se perdermos o controle ou formos excessivamente negativos e críticos com relação a eles e ao trabalho que estão fazendo, criaremos uma atmosfera de desconfiança e de medo, que acabará impedindo o engajamento e a colaboração. A forma como amamos nosso pessoal precisa corresponder ao amor que temos por eles no coração.

CAPÍTULO 7

VIRTUDE 5: AUTOCONTROLE

Tema: *Como encarar o futuro.*

A melhor forma de encarar o futuro é começando por não sabotá-lo! Nada limita mais as oportunidades futuras que a perda do autocontrole.

Tudo que dissermos deve estar apoiado na crença de que isso será registrado e revelado.

O autocontrole começa com o pensamento. A mentalidade eficaz e as crenças que tornam a vida melhor dependem do autocontrole. O diálogo interno — a história que você conta para si mesmo — é a base para o autocontrole, o qual, construído adequadamente, permite uma comunicação eficaz e marcante.

O dicionário define "autocontrole" como "a capacidade de manter a calma e não demonstrar as emoções, mesmo que você esteja com raiva, agitado, etc.".

Nosso autocontrole transparece em nossa comunicação verbal e não verbal e muitas vezes reflete a história que contamos a nós mesmos.

Em tempos de disrupção, desafio e mudança, poucas coisas são tão importantes quanto a comunicação eficaz, e quase nada é capaz de causar mais danos — e rapidamente — que a perda do autocontrole na comunicação.

Nada revela melhor seu autocontrole que as situações em que você é atacado diante dos colegas e de seus liderados. Quando isso acontece, a forma como você, como líder coach, responde ou reage irá afetar grandemente a trajetória de sua carreira e até mesmo de sua vida.

Sem autocontrole, você não tem chance real alguma de ser um líder. A falta de autocontrole já descarrilou carreiras de liderança mais promissoras que qualquer outro fator.

Em julho de 2014, conheci Mahongo Fumbelo em nosso Programa de Certificação da Ziglar Legacy (ZLC), em Dallas. Conhecê-la foi um prazer, e o fato de ela ter vindo de Darwin, Austrália, para participar tornou-a ainda mais interessante. Mahongo é uma comunicadora talentosa e muito articulada. É confiante e encorajadora, e seu carisma nos atrai e faz com que queiramos ouvir, aprender e participar. Ela é o tipo de palestrante especialista em liderança que você espera ouvir, porque sabe que aprenderá algo e se divertirá no processo.

O programa ZLC é interativo, pois certificamos pessoas para ensinar e treinar em nossos programas. Tive a oportunidade de ver Mahongo não só participar dos grupos de discussão, mas também de se apresentar diante de todos. Soube imediatamente que ela teria muito sucesso. No encerramento do programa, há uma cerimônia de formatura, e todos têm a oportunidade de fazer um breve discurso sobre o que o programa significou para eles. Foi ali que a história de Mahongo deu uma guinada interessante.

Mahongo veio à frente e, confiante, com um grande sorriso, declarou: "Quase não vim aqui". E então caiu em lágrimas.

Nos 45 segundos que se seguiram, as emoções de Mahongo fluíram. Eram lágrimas de superação, de fazer as coisas apesar de tudo, de alívio, de um novo começo. Eram as lágrimas de afirmação! Os colegas ficaram espantados e preocupados, com os corações saltando por ela. Todos pareciam pensar que ela representava o melhor de todos nós. Ninguém fazia ideia de como aquilo fora tão desafiador para ela. Então Mahongo contou sua história.

"Quase não vim", disse ela. "Ano passado, na empresa em que trabalhei, fui eleita pelos meus colegas como a funcionária mais valiosa. Amava meu trabalho e as pessoas. Estava entusiasmada com o futuro, em aprender, crescer e avançar na minha carreira. Pouco depois, nosso diretor administrativo convocou uma reunião de equipe, e estávamos todos fazendo um *brainstorming* e discutindo sobre como atingir nossas metas para o ano corrente. Na reunião, levantei a mão e ofereci minha ajuda. Eu disse ao grupo: 'Como vocês sabem, me inscrevi para o cargo de treinadora, e me disseram que levará vários meses até informarem se consegui o cargo. No entanto, saibam que, se precisarem de alguma habilidade ou conhecimento para fazer seu trabalho da melhor maneira, me procurem, porque vou pesquisar e retornar a vocês com algum treinamento que irá ajudá-los'. Depois que falei, meu chefe, diante dos meus colegas, apontou o dedo para mim e disse: 'Mahongo, você nunca será treinadora nesta empresa. Você não tem a personalidade nem as habilidades para treinar, então pode esquecer' ".

Ela fez uma pausa. Todos na sala, incrédulos, estavam em completo silêncio. Eu sabia que Mahongo era uma das mais capacitadas participantes do programa. Quando pensei no chefe dela, perguntei a mim mesmo: "Quem faria uma coisa dessas, principalmente a alguém como ela?".

"Eu não sabia o que fazer", continuou Mahongo. "Parte de mim queria sair correndo da sala, fazer uma cena, desistir na hora. Em vez disso, sentei-me calada e sem expressão, contando os minutos até a reunião acabar. Enquanto caminhava de volta para minha sala, comecei a pensar na carta de demissão que escreveria e em como explodiria com o chefe na minha entrevista de saída. Contudo, comecei a pensar sobre meu sonho, sobre minha paixão de ser palestrante, treinadora e coach. Meu chefe estava certo? Aquilo me abalou profundamente".

Autocontrole.

"Fui para minha sala", disse ela, "fechei a porta e comecei a pensar e a orar. Resolvi esfriar antes de qualquer declaração à empresa. Tive de decidir em quem iria acreditar e como tomaria minha decisão. Desistiria e me esconderia em um canto, controlada por alguém que nem me conhecia, ou me levantaria e iria trás do meu sonho, mesmo sozinha? Decidi acreditar no que Deus diz sobre mim e no que eu digo sobre mim, em vez de acreditar em uma pessoa que não conhece meu coração.

"Naquela noite", ela continuou, "enquanto estava processando tudo isso, lembrei-me de uma mensagem de Ziglar sobre como se tornar palestrante e treinador da Ziglar. Abracei a oportunidade imediatamente. E aqui estou. Essa sou eu".

A essa altura, toda a turma de formandos estava aplaudindo de pé, enquanto enxugavam lágrimas de apoio, cuidado, amor e alegria por Mahongo. Ninguém, além de Mahongo, chorava mais que eu.

Um ano depois, em agosto de 2015, tive a oportunidade de realizar um evento ao vivo com Mahongo em Darwin, em seu palco e para seus clientes. Desnecessário dizer que eu não era o comunicador mais eficaz do recinto. Era Mahongo.

Mahongo criou uma empresa de coaching, treinamento e palestras muito bem-sucedida e foi reconhecida na Austrália, pela Toastmasters, como uma das principais palestrantes do país. Ela agora é a líder coach de vários outros líderes coaches ajudando-os com palestras, treinamento e consultoria sobre liderança. Como isso aconteceu? Acredito que seu imenso autocontrole lhe permitiu superar o estresse e a injustiça da situação. A ironia é que seu autocontrole deu a ela um palco maior do que ela poderia imaginar.

Como se já não fosse boa o suficiente, a história fica ainda melhor. Em outubro de 2018, recebi o seguinte e-mail da Mahongo:

> Eu só queria compartilhar algo interessante com você. Você é a primeira pessoa para quem estou contando, depois da minha família, pois fez parte da minha jornada e agora do meu sucesso. O empregador que disse que não poderia me dar a promoção como facilitadora de treinamento, porque eu não tinha a personalidade certa, ligou-me na semana passada pedindo que eu desse treinamento aos seus clientes, bem como à sua equipe de liderança. Disse-me que estava com dificuldade para encontrar bons treinadores, então achou meu site e amou o que viu. A senhora que me telefonou disse que se lembrava de mim como uma das funcionárias mais talentosas que a empresa já teve.

Sou muito grata pelo que você e o restante da família Ziglar fizeram por mim, pois já experimentei muitas bênçãos e sucessos, que nunca teria conseguido sem seu encorajamento. Embora eu sinta um paradoxo de bênçãos sobre trabalhar com meu ex-empregador como consultora externa, tenho certeza de que Deus está me encorajando sobre seus planos para minha vida, e talvez em breve eu realize meu sonho mais louco de falar para uma audiência de 5 mil pessoas nos EUA!

Pensei em compartilhar isso com minha família favorita nos Estados Unidos.

O autocontrole começa com mentalidade e crença. Será que a história de Mahongo seria diferente se ela tivesse perdido o autocontrole e reagido de forma explosiva diante do líder que a atacou diante dos colegas? Com certeza. A história teria sido diferente se ela tivesse escolhido acreditar no chefe, em vez de acreditar em si mesma? Sem dúvida.

Três chaves para o autocontrole quando você está se comunicando sob estresse

1. Saiba em que você acredita e qual seu propósito para estar nessa situação.

Mahongo acreditava estar em uma jornada para se tornar palestrante, treinadora e coach eficaz e que poderia fazer isso muito bem, ajudando outros ao longo do caminho enquanto desenvolvia as próprias habilidades. A oferta para ajudar os colegas desencadeara o ataque agressivo do chefe, mas a clareza e a profundidade de sua crença permitiram que ela se controlasse, em vez de reagir. Sua mentalidade estava focada.

Em que você acredita?

Que propósito maior que você está cumprindo ao se comunicar bem sob estresse?

2. Pergunte-se: uma pessoa segura faria isso?

Sempre que sou atacado, pergunto a mim mesmo: "Uma pessoa segura faria isso?". O ataque pode ser por e-mail, nas redes sociais, em uma conversa cara a cara, na reunião de equipe ou diante de um grupo. Os ataques nunca são apropriados, especialmente na presença de outras pessoas e, pior ainda, se o atacante tiver mais poder posicional que você. O fato é que uma pessoa segura não faria isso. Com isso em mente, entendo de imediato que se trata de alguém inseguro. Esse pensamento muda imediatamente a maneira como vejo meu agressor e faz meu estado emocional arrefecer do desejo de revide para a preocupação com ele. Por quê? Porque quando alguém se comunica por insegurança, sei que o problema não é comigo, mas com ele.

Uma pessoa segura diria ou faria isso?

Por que tal pessoa é insegura?

3. Lembre-se do modelo mental de autocontrole ao se comunicar.

Eu ia palestrar no lugar de meu amigo John Rouse, em Wichita, Kansas. Na manhã que antecedia a apresentação, ocorreram várias distrações, e parecia que todas as pequenas coisas que podiam dar errado estavam de fato dando errado. Houve também certa discórdia, da qual só fiquei sabendo mais tarde, que estava deixando a atmosfera bastante tensa. A boa notícia era que a sala estava cheia e a animação só crescia. Então, pouco antes da minha palestra, uma idosa caiu no meio do corredor, bem em frente ao pódio. Ela não estava ferida nem parecia ter alguma dor, mas decidiram chamar os paramédicos para examiná-la e ver se era possível removê-la. A queda atrasou o início da apresentação em 25 minutos, mas fui informado de que teria de concluir minha fala no horário previsto.

Preocupado com o incidente, John veio me procurar, mas eu o tranquilizei: "Tudo vai ficar bem. Quando esse tipo de coisa acontece, você sabe que algo grande e transformador está prestes a acontecer. Não estou aqui para dar uma palestra. Estou aqui para atender às necessidades da plateia".

A história que você conta para si mesmo

Temos uma escolha quando se trata da história que contamos para nós mesmos. Tenho trabalhado com líderes que admitem duvidar da própria capacidade, e isso é ilustrado na história que contam para si mesmos. Quando pergunto, antes de uma conversa ou de uma apresentação importante, o que está se passando na mente deles, recebo respostas como:

- Por que eles me ouviriam? Sou muito jovem. Tenho meus problemas. Sou inseguro.
- Não sou um bom apresentador.
- Estou perdido.
- Não importa o que eu diga, não fará diferença.
- Não sou ________ o suficiente.

Aconselho-os a transformar a história que contam para si mesmos em uma história *poderosa*.

Tente esta abordagem:

- Estou animado para conhecer/falar/me apresentar hoje, porque acredito em ________, e meu propósito é ________.
- Sei que as necessidades do indivíduo/do grupo são ________, e o objetivo da reunião é ________.
- Coisas além do meu controle podem acontecer, e posso até ser desafiado. É fantástico, pois estou aqui para servir as pessoas e atender às suas necessidades à medida que avançamos na direção do nosso propósito e das nossas metas.
- Se eu for atacado, sei que estou lidando com uma pessoa insegura, e responderei de acordo.

Observe agora este exemplo clássico de autocontrole e de poderosa comunicação de Thomas Jody, palestrante certificado pela Ziglar Legacy:

> Muitos anos atrás, quando trabalhava como atendente em uma concessionária de automóveis, um homem, depois de ter levado o carro para a revisão no dia anterior, entrou cantando os pneus pela porta aberta da garagem e pisou com tudo nos freios. Ele saltou do carro e jogou um considerável molho de chaves na minha direção. Felizmente, as chaves bateram na ponta do balcão de atendimento e deslizaram até a outra extremidade. Ele começou a gritar sobre um problema específico do carro que não havíamos consertado, mas que lhe cobráramos. Ele ficou cara a cara comigo. Naquele ponto, falava alto o suficiente para fazer com que vários mecânicos da oficina parassem de trabalhar e saíssem de sua área de trabalho. Calmamente, pedi-lhe que me relatasse o problema, o que ele fez, e que esperasse

um momento enquanto eu pegava as chaves. Quando lhe devolvi as chaves, declarei que, na minha opinião, ele tinha uma reclamação legítima. Mas também disse a ele que não iríamos lidar com a situação até que pudéssemos conversar de forma civilizada. Pedi-lhe que entrasse no carro e voltasse no dia seguinte, depois de ter esfriado a cabeça, e cuidaríamos do problema sem cobrança adicional alguma. Ele tentou reclamar de novo, mas repeti que não responderíamos a uma explosão como aquela, naquele dia ou em qualquer outro. Ele deveria voltar no dia seguinte com uma atitude diferente. E ele o fez.

Consertamos o carro dele. Todos ficaram satisfeitos, e ele se tornou um cliente mais agradável e passou a usar nossos serviços de forma regular. A lição dele foi minha lição. Nós dois aprendemos que temos uma escolha.

O que amo nessa história é que ela destaca a realidade de que alguém está sempre observando como você reage a uma situação desafiadora. Imagine que você é um dos mecânicos e está testemunhando como Thomas lidou com a situação. O que você pensaria dele? Circunstâncias e tempos desafiadores revelam quem você realmente é. A única boa abordagem é preparar-se com antecedência para a forma como irá lidar com o desafio!

Hora de refletir

Ponha-se no lugar de Mahongo ou de Thomas. Sabendo como você costuma se comportar, como teria lidado com a situação que eles vivenciaram? O que teria feito de diferente? Pense agora sobre algumas situações em que você foi atacado injustamente no passado. Como você lidou com isso? Pare um momento e pense em um possível ataque que possa enfrentar no futuro e como você, como líder coach, irá lidar com isso.

Ter autocontrole é manter-se calmo sob pressão e ter a capacidade de se controlar, em vez de reagir. Como líder coach, uma das coisas que pode rapidamente minar sua capacidade de liderar é a perda do autocontrole. Contudo, nada ganhará mais respeito, e em muito pouco tempo, que uma demonstração de autocontrole nas situações mais injustas e difíceis. Reserve um tempo para desenvolver o autocontrole antes de precisar dele, pois situações extremas e cheias de pressão revelam o caráter mais que o criam, e o autocontrole é o escudo que protege sua influência como líder.

- Como você se prepararia com antecedência para manter a calma e demonstrar autocontrole diante dos desafios?
- De que forma poderia demonstrar liderança e autocontrole ao se comunicar com a equipe quando estiver sob estresse?
- Como você se comportaria ao saber que eles estão passando por tempos difíceis? Com que tipo de comunicação os apoiaria?

> "Mansidão e domínio próprio. Contra essas coisas não há lei" (Gálatas 5.23).

> "Como a cidade com seus muros derrubados, assim é quem não sabe dominar-se" (Provérbios 25.28).

> "Deus não nos deu um espírito de covardia, mas de poder, de amor e de equilíbrio" (2Timóteo 1.7).

CAPÍTULO 8

VIRTUDE 6: POSITIVIDADE

Tema: *Uma atitude positiva supera sempre uma atitude negativa.*

Às vezes você ganha, às vezes você aprende.
— Jason Marez

Tenho tanta certeza de que iria atrás de
Moby Dick em um barco a remo,
que levaria o molho tártaro comigo!
— Zig Ziglar

Fui criado para ser positivo. Minha infância foi marcada por oportunidades para ser positivo, independentemente das circunstâncias. Lembro-me, quando era aluno do sétimo ano, que queria dormir em uma manhã de domingo, depois de ter ficado acordado até tarde na noite de sábado. Papai veio me acordar às 7 horas da manhã, a fim de que eu me aprontasse para ir à igreja.

Esfregando os olhos com sono, perguntei: "Tenho mesmo de ir à igreja?". Ele olhou para mim, sorriu e disse: "Não, filho, você *pode* ir à igreja".

Na tenra idade, aprendi uma lição profunda: qualquer coisa que me acontecesse, que eu tivesse ou precisasse fazer, eu tinha o poder de escolha quanto à forma de ver a situação. Aprendi que você pode ser positivo sobre coisas de que nem mesmo gosta!

Adoro a história que Chris Patterson contou sobre seu primeiro encontro com Zig Ziglar. Chris era um gerente promissor no Q Athletic Club. O Q era uma academia de alto nível, e Chris, por haver demonstrado capacidade para liderar e desenvolver um clube lucrativo e bem-sucedido, foi transferido para o Texas para a fim de assumir a academia West Plano Q e para melhorar a lucratividade e as vendas. Quando Chris chegou, o clube era classificado como um dos últimos dentre os 17 outros locais nos Estados Unidos. Imediatamente, ele começou a ensinar à equipe as técnicas de vendas da Ziglar e programas de desenvolvimento pessoal que haviam tornado ele e seus clubes anteriores tão bem-sucedidos, e o local logo foi classificado como número um em todo o país.

Após vários meses desenvolvendo a equipe e vendo melhoria em todas as áreas, um dos membros da equipe informou-o: "Há alguém na recepção que gostaria de conhecer as instalações do clube com você".

Chris respondeu: "Treinei vocês para essas visitas, e vocês são fantásticos no que fazem. Por que você quer que eu mostre o clube a essa pessoa?".

O membro da equipe entregou a ele a carteira de motorista do cliente em potencial. Era Zig Ziglar. A equipe sabia que Zig Ziglar era o herói de Chris!

O coração de Chris ficou apertado quando ele percebeu que não era uma piada e que seu herói da vida real estava no prédio. Ao mostrar as instalações para ele, Chris teve o cuidado de não revelar que conhecia meu pai nem disse que era um grande fã. A visita correu bem, e chegou a hora de Chris ter a conversa sobre vendas com Zig. Ele explicou as opções e começou a usar perguntas de vendas e os fechamentos que aprendera ouvindo todo o material de Zig Ziglar.

Subitamente, com um sorriso irônico no rosto, Zig indagou: "Você sabe quem eu sou, não sabe?".

Chris não conseguiu se conter e respondeu: "Sim, senhor, sou um grande fã e estou muito feliz que o senhor vá fazer parte da Q. Está pronto para começar?

Desnecessário dizer que Zig se inscreveu na hora.

Na saída, Zig disse a Chris: "Preciso de alguém que me treine pessoalmente. Quem você recomenda?".

Chris sorriu e disse: "Senhor Ziglar, vou fazer um acordo com o senhor. Eu mesmo serei seu preparador físico se o senhor concordar em ser meu coach mental enquanto estivermos treinando. O que acha?".

"Acho ótimo, Chris. A que horas começaremos amanhã?".

Cris não acreditava no que ouvia! Ele não só vendera ao seu herói uma associação ao clube Q, como também iria treiná-lo — e Zig seria seu mentor!

No dia seguinte, Zig chegou, e começaram o treino inicial. O primeiro exercício foi para os bíceps, chamado Preacher Curl e feito em um equipamento. Zig sentou-se e começou a fazer o exercício antes que Chris pudesse ajustar o peso.

Chris disse a ele que o objetivo era fazer dez repetições, e ficou evidente, logo após a terceira repetição, que havia muito peso na máquina.

— Senhor Ziglar, espere um segundo. Deixe-me diminuir o peso.

Zig apenas sorriu e continuou levantando. Após mais três repetições, as veias começaram a saltar na testa dele. Chris pensou: "Ah, não! Zig vai ter um ataque cardíaco, e a manchete do jornal de amanhã será: 'Jovem treinador punk mata o lendário orador e autor Zig Ziglar em seu primeiro treino!' ".

Zig estava realmente com dificuldades, então Chris disse:

— Sr. Ziglar, interrompa o exercício, e deixe-me ajustar o peso.

Em vez de parar, um olhar determinado surgiu no rosto de Zig, ao mesmo tempo que deixava transparecer toda a dificuldade para concluir oito, nove, dez repetições.

— Ótimo, sr. Ziglar! Pode parar agora. O senhor fez as dez repetições.

Mas Zig continuou levantando: 11, 12 e finalmente 13 repetições.

Enquanto Zig baixava os pesos, ele olhou Chris nos olhos e disse: "Você não precisa gostar de tudo que faz".

Amo essa história, pois ela ilustra a base do que significa ser positivo, ou seja, você não precisa gostar de tudo que faz, pois entende que tem uma meta, um propósito que vale a pena alcançar. O objetivo de Zig era ser o orador, o escritor, o marido e o pai mais eficaz possível. Por isso, sabia que uma boa saúde era essencial para seus objetivos. Essa compreensão lhe permitiu ser positivo e ter a atitude correta, mesmo ao fazer as coisas necessárias das quais não gostava.

Positivamente contagioso

Você é positivamente contagioso quando está perto da família, dos amigos e dos colegas de trabalho? Sua presença por si só cria energia e esperança em torno daqueles com quem você trabalha e lidera? Você já esteve perto de alguém que levantou os ânimos na sala apenas pela atitude? Acredita que ser positivamente contagioso ajudaria a ponto de você e sua equipe alcançarem as metas e os objetivos com mais facilidade, mesmo em tempos de disrupção?

Leia o parágrafo anterior novamente. Responder "sim" às perguntas é essencial para o sucesso como líder coach. Ser positivo em tempos de disrupção, de desafio e de mudança não é uma opção, se você pretende ser um líder coach eficaz!

Infelizmente, as pessoas muitas vezes têm uma compreensão errada do que significa ser positivo. Ser positivo não é a fé cega, a falsa ideia de que está tudo bem e que não é preciso se preocupar com os fatos, enquanto se ignora o que realmente está acontecendo. Ser positivo significa que, apesar do que estiver acontecendo, você entende que há uma escolha sobre como irá reagir à situação e sabe que não é apenas o que você faz, mas a forma como faz que inspira e encoraja a equipe. Vamos nos aprofundar sobre o que ser positivo realmente significa.

A palavra "positivo" tem uma das definições mais longas e extensas no dicionário *Merriam-Webster*, porque é usada de muitas maneiras. Para você ser positivo como líder coach, precisa entender exatamente o que precisa desenvolver em si mesmo e demonstrar pelo exemplo aos que estão ao seu redor.

Traços do líder coach positivo: da teoria à prática

O líder coach positivo é *confiante* e totalmente seguro. Os líderes coaches têm confiança para fazer as perguntas certas, que lhes apontarão o melhor caminho a seguir. Muitos erroneamente supõem que essa confiança é falaciosa e optam pelo caminho mais seguro, que consiste em pintar uma imagem excessivamente negativa da situação, de modo que não pareçam tão ruins, caso os resultados não apareçam. A verdade é que a rota segura e negativa limita e restringe os resultados positivos disponíveis. Afinal, se é impossível e terrível, por que desperdiçar tempo tentando resolver um problema insolúvel?

Ser confiante não significa já ter as respostas. Significa apenas que você conhece um processo e que construiu sólidos relacionamentos com quem pode oferecer soluções ou conectá-lo com quem é capaz de solucionar o problema. Essa confiança é especialmente essencial quando surgem desafios significativos. Os líderes coaches que têm essa confiança podem ao mesmo tempo ser vulneráveis, transparentes e confiantes, porque não precisam ter a resposta: basta saber onde encontrá-la.

Concentre-se no que você pode fazer

Ser positivo significa que as circunstâncias não determinam o estado emocional nem a resposta dos líderes coaches. Na verdade, os líderes coaches apreciam desafios e mudanças, porque as circunstâncias da mudança destacam seus pontos fortes e suas vantagens. A mentalidade positiva vê a disrupção simplesmente como uma oportunidade de crescer, se adaptar e servir os outros no tempo da adversidade.

O líder coach positivo tem uma garra incrível, que Angela Duckworth, no livro *Garra: o poder da paixão e da perseverança*, define como a capacidade de continuar a se levantar mesmo quando for repetidamente derrubado. O líder coach positivo entende cada desafio, cada disrupção e cada mudança como uma oportunidade de crescer, aprender e se levantar outra vez. Poucas coisas dão um exemplo mais poderoso de como um líder pode lidar com adversidade.

Ser positivo também significa que você é *real*. Quando os desafios e os problemas aparecem, o líder coach sabe identificá-los com clareza. Isso inclui considerar cuidadosamente o impacto causado pelos problemas e os recursos e pessoas necessários para superá-los. Esclarecer os problemas e desafios permite a todos na equipe entender exatamente o que precisa ser feito.

Os líderes coaches entendem que ser positivo significa agir em direção ao seu objetivo de forma consistente, em vez de se concentrar na manutenção do *status quo*. Os líderes coaches nunca ficam presos em uma zona de conforto, porque sabem que isso não existe. Carey Lowe, palestrante da Ziglar Legacy, observa: "Pessoas, equipes e empresas estão crescendo ou morrendo. Não existe tal coisa como 'a zona de conforto' onde é bom se ancorar". Ser positivo significa ter atitude positiva rumo ao seu propósito e à sua meta.

Os líderes coaches positivos concentram-se no que podem fazer, não no que não podem. Em seus relacionamentos, isso é caracterizado por afirmação e inclusão, não por negação ou desengajamento. A atitude positiva é vivida em e-mails, conversas telefônicas, reuniões e chamadas de Zoom. Os líderes coaches formulam suas perguntas para suas equipes de maneira positiva e orientada para a ação.

Um líder coach identifica fontes positivas de inspiração, motivação e crescimento e constantemente investe tempo nelas.

Os líderes coaches não fazem isso apenas por si mesmos, mas também para oferecer à equipe um alto padrão e os recursos que os levem a seguir em frente e os motivem a continuar se desenvolvendo no próprio crescimento e em direção aos seus objetivos.

Ser positivo significa causar um efeito favorável naqueles com quem trabalha. Uma das melhores maneiras de determinar seu impacto na equipe é pedindo que preencham um questionário anônimo sobre esse efeito no desempenho deles. Uma ótima pergunta é: "Depois de trabalhar diretamente com seu líder, você se sente esperançoso, inspirado e preparado para assumir os desafios e as disrupções que estão acontecendo em seu âmbito de trabalho?". As respostas lhe darão uma grande percepção sobre como sua liderança vem sendo percebida e recebida.

Ser positivo é inteligente!

Uma atitude positiva não o deixará fazer nada,
mas o deixará fazer tudo melhor que uma
atitude negativa.
— ZIG ZIGLAR

Não é incomum aqueles tidos por mais estudados e esclarecidos alegarem que é prático e benéfico ser cético e até negativo em determinadas situações. Eles usam isso como justificativa para suas atitudes ácidas — e habitualmente aviltantes — e para os estilos de comunicação humilhantes. Mas seria isso uma forma inteligente e prática de abordar disrupção, desafio e mudança?

Imagine que você está em seu escritório planejando o próximo ano. Você acabou de revisar todos os resultados do ano anterior e fez um inventário das contas principais, dos projetos e das estratégias com um olhar para a melhoria e para o crescimento. Além disso, pôs em execução um plano de desenvolvimento abrangente para seu pessoal.

De repente, o CEO chega e diz que a organização perdeu o financiamento e que sua conta principal migrou para o concorrente número um. Vinte minutos depois, o principal vendedor pede demissão, e você percebe que todos os seus planos agora precisam ser reformulados.

Conforme você começa a se aprofundar no novo planejamento, um membro da equipe lhe diz que está muito preocupado com a notícia do CEO, que mais parece um tsunami atingindo toda a empresa. Você decide convocar uma reunião com toda a equipe para atualizá-la. Qual das seguintes abordagens você acha que obterão os melhores resultados?

Abordagem 1

Obrigado a todos por virem a esta reunião. Vocês já devem ter ouvido sobre a situação. O fluxo de caixa será apertado, pois perdemos nosso financiamento. Além disso, nossa maior conta foi para um concorrente, e nosso principal vendedor, que desenvolveu essa conta e várias outras, também partiu para outra oportunidade.

Quero que saibam que isso é devastador para mim, como seu líder, e para nossa empresa. Não tenho certeza de como vamos superar isso, e, na verdade, este lugar provavelmente parecerá muito diferente em um curto período de tempo. Se você está pensando em sair, vá em frente e entregue sua demissão hoje. Teremos outras situações complicadas nas próximas semanas, e vou ter de tomar muitas decisões difíceis. Infelizmente, já passei por isso, e não é fácil nem divertido, pois muitas vidas serão mudadas de forma negativa. Preciso de um tempo para resolver isso, e gostaria de encorajá-los a fazer o mesmo. Obrigado pela compreensão. Agora, voltem ao trabalho.

Abordagem 2

Obrigado a todos por virem a esta reunião. Vocês já devem ter ouvido sobre a situação. O fluxo de caixa será apertado, pois perdemos nosso financiamento. Além disso, nossa maior conta foi para nosso concorrente, e nosso principal vendedor, que desenvolveu essa conta e várias outras, também partiu para outra oportunidade.

Esses são os fatos como os conhecemos agora, e queria deixá-los cientes. No entanto, existe algo mais importante que os fatos: as pessoas pelas quais vocês estão cercados agora. Acabei de revisar as realizações do ano passado e todas as coisas que superamos como equipe, e sou grato por enfrentarmos esse desafio juntos. Posso garantir que tempos desafiadores estão por vir, mas também repletos de inovação e criatividade, além da certeza de que não há nada mais satisfatório que superar um desafio difícil cercado das pessoas que amamos e com as quais nos preocupamos. A missão e os valores de nossa empresa não mudaram, e a necessidade dos nossos produtos e serviços é maior que nunca. Gostaria de passar o restante do nosso tempo hoje mantendo o foco e a lembrança nos desafios e nas vitórias que obtivemos juntos e que nos trouxeram até aqui, para em seguida começarmos a criar uma lista de medidas que podemos tomar para transformar este dia, em todos os aspectos, lendário para nossa empresa.

Ser positivo significa que você tem um plano

A segunda abordagem é a maneira óbvia de lidar com mudanças massivas e com a disrupção. Essa abordagem reconhece os fatos, mas também — e mais importante — que a forma como respondemos aos fatos determinará os resultados a serem obtidos.

O discurso do intervalo

Você já se perguntou o que acontece no intervalo quando o treinador fala ao time que está perdendo por três *touchdowns*? Acha que ele fica reclamando da arbitragem, das lesões, de tudo ser tão injusto? Ou acha que o treinador já planejou o que dizer e como dizer antes mesmo de o jogo começar, para o caso de haver necessidade de um discurso de intervalo inspirador e comovente?

Qual é seu plano para o intervalo quando seu time está perdendo? Já chegou a pensar nisso? Uma coisa que sabemos com certeza é que, se você é um líder coach por tempo suficiente, será chamado para liderar a equipe quando as coisas não estiverem boas e o placar não estiver a seu favor. Observe o seguinte plano passo a passo, que pode ser adaptado quando surgir uma situação semelhante em sua empresa.

1. Seja positivo. Todos estão olhando para você em busca de liderança nessa situação. Você pode ser intenso, apaixonado ou preocupado, mas, acima de tudo, deve ser positivo. Sua equipe deve conhecer sua visão e suas expectativas antes que a adversidade ocorra. Assim, quando os contratempos e as disrupções acontecerem, você poderá afirmar com confiança que eles ainda conseguirão cumprir a missão e a visão diante deles. Sua linguagem corporal e sua inflexão de voz confirmam que a missão não mudou e que você acredita que as pessoas na sala estão à altura da tarefa de superar os desafios que estão enfrentando.

2. Esteja preparado. Assim como os treinadores devem estar preparados para o intervalo, você e sua equipe precisam saber e acreditar que já fizeram o necessário para se preparar para a situação. Preparação significa simplesmente ter feito o possível com antecedência para realizar os objetivos empresariais, independentemente do que aconteça. Quando a disrupção e as mudanças ocorrem e você percebe que precisa se ajustar às novas circunstâncias, a preparação prévia lhe dará a confiança de que você pode aprender, entender, crescer e se preparar outra vez.

3. Reserve um tempo para agradecer. Ser um líder coach positivo significa entender que às vezes é necessário reservar um tempo para agradecer. Reconhecer que sua equipe precisa de uma mudança de atitude faz parte de ser um líder eficaz. Uma das melhores maneiras de mudar uma mentalidade negativa para um indivíduo ou um grupo é pedir-lhes que façam uma lista de coisas pelas quais são gratos. É muito difícil ser grato e negativo ao mesmo tempo. A melhor maneira de fazer isso é começar a discussão explicando pelo que você é grato. Você pode informar a todos que é grato por ter uma equipe de pessoas que superaram desafios semelhantes no passado. Pode dizer que é grato por ser o líder deles e por sua equipe ter uma comprovada capacidade de adaptação e de crescimento. Apontar traços de caráter específicos dos membros da equipe, a forma como ajudaram no passado e como são perfeitos para a situação rapidamente irão inspirar uma atitude positiva. Depois de estabelecer o que significa reservar um tempo para a gratidão, você pode designar alguém da equipe para expressar as coisas pelas quais é grato. Dependendo da situação, pode ser algo voluntário, ou você pode informar que todos irão participar. A gratidão é a mais saudável das emoções humanas, e é em momentos como esse que você e sua equipe mais precisam delas.

4. Crie uma lista de vitórias. Agora que a gratidão está fluindo e a equipe está focando no que pode ser feito, é hora de criar uma lista de vitórias. Um dos hábitos dos líderes coaches positivos de alto desempenho é que acompanham as vitórias de todo o pessoal. A lista pode incluir vitórias compartilhadas com eles ou vividas por eles antes de entrarem para a equipe. Uma ótima forma de começar a conversa é fazer uma pergunta específica a um membro da equipe, como: "Fale-me sobre a ocasião em que você enfrentou o desafio ________ e o que fez para superá-lo". Você pode até fazer perguntas mais detalhadas: "Sei que quando esse desafio surgiu, você não tinha certeza de que seríamos capaz de resolvê-lo, mas conseguimos. Com o que você estava preocupado e como superou isso?". Esse é um ótimo momento para você, como líder, envolver a equipe no jogo da lista de vitórias, então simplesmente pergunte a alguém qual desafio ou dificuldade ele superou no passado. Tomando como base seu relacionamento e conhecimento do passado deles, sinta-se à vontade para incentivá-los. Criar uma lista de vitórias mostra à equipe o que foi feito antes e o que pode ser feito de novo. Dessa forma, a equipe estará pronta para a resolução de problemas.

5. Esclareça o problema. A parte mais importante na resolução de um problema é obter clareza total sobre esse problema e a responsabilidade da equipe em resolvê-lo. Isso é essencial em tempos de disrupção e de mudança, pois podem surgir problemas — como uma pandemia — que a equipe não tem capacidade para resolver. Se a equipe ou um indivíduo não tiver habilidade para solucionar o problema, é preciso aceitá-lo como fato, e o foco deve ser direcionado para os problemas que o indivíduo ou a equipe são capazes de resolver. Um exemplo simples é o fato de muitas empresas terem sido forçadas a trabalhar em casa quando a pandemia aconteceu. Os líderes das empresas não conseguiram resolver a questão da pandemia, mas conseguiram fazer muita coisa para tornar o trabalho em casa mais eficaz.

6. Concentre-se na solução. No processo de esclarecimento do problema, muitas vezes se descobre que há vários outros problemas a serem resolvidos, e cada um deles deve ser tratado separadamente. Desse modo, podemos ser específicos quanto às contribuições da equipe ou de cada um dos envolvidos, pois nem todos trabalharão em todos os problemas. Em seguida, três importantes perguntas devem ser feitas:

- Quais os principais obstáculos, as montanhas a serem escaladas, para resolver esse problema?
- Que habilidades e conhecimentos serão necessários para resolver esse problema?
- Que indivíduos, grupos ou recursos externos serão utilizados para resolver esse problema?

7. Planeje a solução. Chegou a hora de criar um plano com a participação da equipe para resolver o problema. Dependendo do tipo de problema e da quantidade de tempo necessária para elaborar o plano, o processo pode ser muito detalhado ou limitado aos pontos mais importantes, com os detalhes preenchidos posteriormente. O aspecto crítico dessa atividade é a identificação das ações que podem ser realizadas de imediato.

8. Propriedade e cronograma. Uma vez que o plano ou o esboço do plano foi criado, cada item executável precisa receber uma prioridade e um cronograma relacionado com a conclusão.

9. Recapitule. É hora de recapitular o que acabou de acontecer. Vocês acabaram de demonstrar que a disrupção, o desafio ou o problema pode ser abordado de forma proativa e positiva, gerando confiança na equipe, esclarecendo o problema, delineando as soluções, criando um plano e atribuindo prioridades, propriedade e cronogramas. Ser positivo ao longo do processo permite que a equipe passe da inação temerosa para uma ação positiva o mais rápido possível.

A cultura come a estratégia no café da manhã.
— Peter Drucker

Ser positivo é a chave para estabelecer a cultura correta, viver seus valores e criar um ambiente de alto desempenho. Conforme discutido no capítulo 2, a atmosfera é a combinação de cultura, valores e ambiente. Vejamos em detalhes como o líder coach, sendo positivo, pode causar enorme impacto na atmosfera criada por ele.

Comece com sua declaração de missão. A título de exemplo, usaremos a seguinte declaração de missão de uma corretora de imóveis:

> **Missão:** Proporcionar a experiência mais fenomenal possível na compra de uma casa.

> **Questão:** É possível proporcionar uma experiência fenomenal na compra de uma casa com uma atitude ruim? Claro que não!

Ser positivo como líder coach significa estar constantemente avaliando sua cultura quanto à missão da equipe e da empresa. Uma cultura positiva é simplesmente fruto de um líder atento e positivo. A estratégia é importante para o sucesso da equipe, mas a efetiva execução da estratégia depende da cultura da equipe.

Escreva a declaração de missão de sua empresa (ou de sua equipe).

Liste três razões pelas quais ser positivo lhe permitirá cumprir essa missão de maneira mais eficaz e em seguida três razões pelas quais ser negativo prejudicará sua capacidade de cumprir a missão.

Em seguida, liste os valores de sua empresa.

Agora pergunte a si mesmo qual a importância, em uma escala de um a dez, de ser positivo versus ser negativo para viver e ser um exemplo desses valores.

Revelação

É incrível como é revelador observar a positividade à luz da realização de nossos objetivos mais importantes. Conforme o mundo vai mudando e mais disrupções vão surgindo, será ainda mais importante para o líder coach manter uma abordagem positiva no mundo dos negócios. À medida que mais e mais pessoas trabalham em casa e a tecnologia altera a maneira de fazer negócios, a mentalidade positiva será fundamental para absorver essas mudanças.

Ser positivo é essencial para maximizar pessoas, propósitos e desempenhos. Ser positivo permite influenciar a equipe e futuros clientes, além dos clientes e fornecedores atuais, de uma forma que atraia e extraia o melhor deles. Ser positivo ajuda a conectar o propósito da empresa com o propósito de cada membro da equipe na vida pessoal. Ser positivo cria a atmosfera que permite o máximo de desempenho.

- Como você poderia criar uma atitude positiva em si mesmo?
- De que forma você poderia liderar a equipe, para ajudá-la a desenvolver uma atitude?
- Como você poderia apoiar ou criar uma atitude positiva em seus líderes?

CAPÍTULO 9

VIRTUDE 7: BUSCA PELO MELHOR

Tema: *Espere o melhor. Prepare-se para o pior. Maximize o que vier.*

Buscar o melhor nas pessoas, nas mudanças e nas oportunidades irá nos fornecer combustível, esperança e energia para seguir em frente.

Nós criamos o futuro que vemos.
— Tom Ziglar

Que futuro você vê? Buscar o melhor é um dos atributos diferenciados de um grande líder coach. Quando olha para o futuro, o que você vê?

- Uma vida melhor para você e sua família?

- Avanço na carreira?
- Objetivos e sonhos alcançados?
- Uma equipe de sucesso?
- Um líder respeitado, que promove mudança de vidas?

Quando olha para o futuro das pessoas que lidera, o que você vê?

- Sucesso na vida pessoal e profissional?
- Crescimento e desenvolvimento em suas habilidades e atitudes?
- Capacidade de lidar com disrupções, desafios e mudanças?
- Cada um deles se tornando um líder, um membro da equipe valorizado e confiável ou mesmo um amigo com quem você pode contar?

Vá em frente e diga o que quiser

Ao olhar para o futuro, reserve alguns momentos para expressar verbalmente o que você deseja quanto à sua capacidade de liderança com relação ao próprio negócio, ao crescimento e aos resultados que obterá e quanto aos tipos de pessoas com quem trabalhará para atingir seus objetivos. Assim que isso estiver bem claro em sua mente, você poderá começar a criar o futuro que está visualizando.

Quando você entende e acredita que pode criar o futuro que vê, seu pensamento muda drasticamente. Imagine um incrível desafio de uma disrupção à sua frente. Sua visão do futuro determinará a maneira como você pensa e age com relação a tudo isso. Se você está animado e esperançoso com o futuro, seu pensamento permanecerá positivo com relação ao desafio e o verá como uma coisa a mais a ser superada no caminho para seu objetivo. Se sua visão do futuro é negativa e sem esperança, o novo revés será apenas mais um motivo para desistir e voltar para casa.

Criar o futuro que deseja depende de como você vê o futuro. A forma como o vê determina seu pensamento, que por sua vez determina seu desempenho.

Febre do ouro

Amo a série de TV *Febre do ouro*, que trata de apostar tudo, de se submeter a condições extremas e de pôr em risco a própria vida e a integridade física para descobrir ouro. O ouro pode estar sob camadas de solo, rocha e gelo ou no fundo de um rio impetuoso ou de um mar ártico. Ainda assim, por ser o ouro tão valioso, os garimpeiros vão atrás dele, sem ligar para a lama, a água gelada e as tempestades furiosas.

Buscar o melhor significa que você está procurando o ouro, não a lama.

Buscar o melhor não significa não ser realista ou ser excessivamente positivo em sua perspectiva. Significa tomar posse de seu pensamento e se preparar com antecedência para qualquer coisa que possa atrapalhar a realização de um feito. Esta citação de Zig Ziglar é uma ótima forma de ver esse conceito: "Espere o melhor. Prepare-se para o pior. Maximize o que vier".

Espere o melhor: Isso está 100% relacionado com sua mentalidade e suas crenças. Concentre-se no que você pode fazer. Concentre-se nas soluções. Certifique-se de escolher sua contribuição com sabedoria. Use o tempo extra para se desenvolver e desenvolver seu negócio ou carreira. Não há desvantagem nisso, e a ciência concorda. Uma mentalidade positiva traz grandes benefícios para a saúde. Uma mentalidade negativa, guiada pelo medo, prejudica seu sistema imunológico e causa doenças físicas. Esperar o melhor significa identificar claramente o futuro que deseja criar e alinhar a mentalidade e as crenças para obter a melhor chance de realizá-lo. Como líder coach, isso também significa esperar o melhor de todos na equipe. Os grandes líderes coaches entendem que, às vezes, é preciso transferir a confiança e a crença para os liderados antes mesmo que eles acreditem em si mesmos. É essencial que você, como líder coach, trabalhe continuamente a própria mentalidade e as próprias crenças.

Prepare-se para o pior: Sim, certifique-se de que seu depósito está cheio e que suas reservas são suficientes. Use sem hesitação a sabedoria em sua vida diária e nas interações sociais. E, enquanto estiver se preparando, diga à sua mente que você agora pode fazer todas as coisas que estava adiando. Concentre-se no que pode fazer, não no que não pode fazer. Assim como na série *Febre do ouro*, quando os mineradores se preparam para o mau tempo e para circunstâncias que põem a vida deles em risco, você deve estar preparado para quando a disrupção e a mudança chegarem. Sua equipe não ficará surpresa quando o desafio vier, e você também não. A única pergunta será: "Você se preparou da melhor maneira possível para o desafio?".

Maximize o que vier: Ninguém sabe o que o amanhã, a próxima semana ou o próximo mês nos reserva. Se sua mentalidade for correta, se você estiver focado em servir os outros e se tiver a intenção de crescer, então estará perfeitamente posicionado para fazer a diferença neste mundo, e isso lhe permitirá causar o maior impacto possível. Concentre-se em servir os outros e em resolver problemas. O maior benefício da disrupção é que ela expõe novos problemas ou revela problemas existentes. Como líder coach focado em uma mentalidade de crescimento, você estará no caminho certo, pois, em vez de enxergar problemas, verá oportunidades.

Um exemplo simples

Digamos que tudo esteja indo bem com sua equipe. Seus projetos e metas de receitas estão adiantados, e o futuro parece brilhante. Todos na equipe atingiram um bom ritmo, então você descobre que seu melhor profissional aceitou uma proposta e deixou a empresa. Tudo sobre o que você vinha refletindo passa a ser indefinido agora. O que você faz? Toma um chá de desânimo, diminui as expectativas e fica pensando no monte de trabalho extra que terá de fazer? Ou celebra o fato de seu melhor profissional ter conseguido o trabalho dos sonhos e se mostra entusiasmado com o fato de os outros membros da equipe terem se desenvolvido o suficiente para ocupar a posição desse profissional que está indo embora? De qualquer perspectiva, o problema é o *mesmo*. Qual das duas mentalidades ou atitudes você acha que trará melhor resultado?

Crie alinhamento quando a disrupção chegar

Buscar o melhor não é apenas uma virtude: é também uma mentalidade de valor incrível para a criação de alinhamento, especialmente quando a disrupção e os desafios ocorrem entre seus liderados. Quando o líder coach trabalha com pessoas por tempo suficiente, é apenas questão de aguardar até que o desempenho e as atitudes precisem ser abordados. Mesmo os melhores profissionais passarão por momentos difíceis de tempos em tempos, e abordá-los de forma proativa, a partir da perspectiva de buscar o melhor e com uma mentalidade de crescimento, lhe permitirá manter o ímpeto, ao mesmo tempo que os encoraja e os habilita para o próximo nível.

Não deseje que seja mais fácil,
deseje que você seja melhor.
— Jim Rohn

A frase de Jim Rohn é perfeita para compartilhar com algum de seus liderados que esteja precisando de ajuda para alcançar o próximo nível. De pouco adianta ressaltar que o desempenho dele não atende às expectativas ou que o relacionamento não é positivo, a menos que haja um plano específico para fazê-lo melhorar. Buscar o melhor permite transformar desafios em oportunidades de crescimento para se tornar melhor.

Veja a seguir 14 maneiras pelas quais você poderá se conectar de uma perspectiva positiva com pessoas que estão provocando alguma disrupção ou desafio, de modo a transformar desafios temporários no combustível que irá levá-lo ao próximo nível de crescimento. Focar continuamente no melhor e ajudar os membros da equipe a identificar o que é melhor criará um alinhamento entre seus objetivos pessoais e profissionais e a missão da empresa.

1. Identifique. Ao abordar um desafio com um membro da equipe em particular, você deve identificar com clareza esse desafio, com o objetivo de fazer com que essa pessoa consiga superá-lo e crescer com isso. O crescimento é essencial, pois evita a recorrência desse desafio. Para que ocorra o crescimento, esse membro da equipe deve aprender e pôr em prática algo novo. As pessoas são muito mais propensas a receber conselhos e orientação quando se identificam com você. Pense em uma situação semelhante em seu passado, quando você teve um desafio a superar, alguém o aconselhou sobre isso, você seguiu o conselho e o problema foi resolvido. Ser vulnerável nessa conversa, assumindo seu papel em um problema passado e o impacto disso em sua vida e relatando em seguida sua jornada de superação, fará com que o membro da equipe saiba que todos passam por dores de crescimento. Em seu livro *O código do talento*, Daniel Coyle revela que quem se identifica com a pessoa que dá conselhos tem 30% a mais de chances de tentar seguir o conselho até obter um resultado. Essa abordagem também define claramente que o problema é o problema e que todos podemos crescer quando aprendemos a resolver nossos problemas. Todos experimentam o desafio do crescimento ao passar por situações desse tipo.

2. Lembre-se de quanto você cresceu. Ao buscar o melhor em seu liderado, reflita sobre quanto você cresceu. Liste áreas de sua vida pessoal e profissional em que o crescimento foi significativo. Passe algum tempo lembrando como você se sentiu estranho ao errar. Você pensava estar fazendo a coisa certa, apenas para perceber o que você não sabia que não sabia. Lembrar-se de quanto você cresceu confirmará que outros podem crescer também e lhe permitirá enxergar melhor o potencial de crescimento do outro, em vez das circunstâncias do problema que está enfrentando.

3. Perdoe os outros como gostaria de ser perdoado. Reserve um momento para imaginar o que seu liderado está sentindo e pensando. Ele se mostra autoconsciente, assustado, desconfortável, defensivo, sentindo-se atacado ou totalmente alheio à situação? Está preocupado com o relacionamento com você, como líder, e com os outros membros da equipe? Sente a forte necessidade de estar certo ou está chateado pelo fato de o problema ter surgido e ele sentir o peso de ser responsabilizado injustamente? À medida que você obtém clareza sobre como ele está se sentindo com relação a esse desafio e ao que terá de crescer para voltar a se alinhar com a equipe e com os valores e a missão da empresa, pergunte a si mesmo: "Como eu gostaria de ser tratado se estivesse nessa situação? Gostaria de ser perdoado?". Quando pensamos em como gostaríamos de ser tratados em determinada situação, passamos a tratar melhor a pessoa em situação semelhante.

4. Reflita. Dê-se um tempo, desacelere. Contemple o panorama geral e reflita sobre quanto a pessoa cresceu, aprendeu e contribuiu para o sucesso da equipe. Pergunte a si mesmo como a disrupção e o desafio provocados por essa pessoa estão afetando a equipe. Trata-se de uma disrupção de pequeno porte, de modo que um pouco de reconhecimento, crescimento e correção seja o bastante para realinhar a equipe, sem causar grande impacto em seu desempenho? Ou a disrupção é significativa, e custará semanas ou até meses de esforço concentrado para trazer a reparação e o crescimento necessários à restauração do alinhamento? Reconhecer a importância da situação permite criar a estrutura certa ao cocriar o necessário plano de crescimento.

5. Comece procurando o bem. Agora que você tem a base definida com relação à pessoa que causou tal situação, comece a procurar o bem enquanto planeja seu curso de ação. Faça a si mesmo perguntas de "quem procura o bem", como: "Essa pessoa será mais valiosa para a equipe quando superar isso? A forma como lidei com a situação causará impacto positivo nos outros membros da equipe? Que atitudes e habilidades preciso desenvolver em minha liderança para lidar com a situação de maneira mais eficaz e evitar que situações semelhantes ocorram no futuro?". Os líderes coaches entendem que as perguntas de "quem procura o bem" lhe darão sabedoria para lidar com isso com toda a concentração e de maneira adequada, bem como lhe permitirá exibir as dez virtudes abordadas neste livro.

6. Intenções e motivos. Ao iniciar a conversa coaching com o membro de sua equipe, não pressuponha nada. Trate de obter clareza não apenas sobre os fatos da situação, mas também sobre as intenções e motivações por detrás da atitude dele, utilizando perguntas simples e diretas, como: "Por que você tomou essa decisão? O que o levou a ter essa conversa com fulano de tal? Por que decidiu fazer isso, quando já estava decidido que faríamos outra coisa?". Conforme você se aprofunda nessas perguntas, é sempre uma boa estratégia fazer perguntas complementares, principalmente esta: "Poderia falar mais sobre isso?". As questões abordadas até agora visam entender a situação e informar esse membro da equipe que você se importa com a perspectiva dele e deseja que ele contribua com a criação de um plano de crescimento para superar a situação.

7. Faça um resumo e chegue a um acordo. Começar com os fatos e obter um acordo com relação a eles é a melhor maneira de começar a construir um plano de desenvolvimento e crescimento pessoal para superar o problema. Quando tiver a reunião inicial com o membro da equipe para discutir a situação e entender a posição dele, procure resumir claramente os fatos. Comece dizendo: "Deixe-me repetir para você o que discutimos e o que precisa ser feito em seguida. Tudo bem?". É sempre bom chegar a um acordo, pois o membro da equipe talvez queira dizer algo antes de continuar. Depois de recapitular a conversa, pergunte: "Isso resume tudo com precisão, ou ainda temos alguma coisa para acrescentar ou discutir?". Mais uma vez, isso dá ao membro da equipe a oportunidade de lançar uma luz adicional sobre a situação. Após terem discutido tudo, pergunte: "Tudo bem se trabalharmos juntos em um desenvolvimento pessoal e em um plano de crescimento para lidar com a situação, para garantir que iremos lidar com isso adequadamente da próxima vez que passarmos por uma situação como esta?". Tente garantir um acordo sobre a próxima etapa, depois de confirmar que a pessoa está em concordância. Assim que houver um acordo, deixe claro seu entusiasmo com o fato de a pessoa ter se apropriado do próprio crescimento, porque essa é a chave para avançar em todas as áreas da vida.

8. Habilidade. Quando estiver trabalhando com alguém para superar um desafio ou para que ele se torne mais eficaz em sua função, uma ótima forma de começar é identificando as habilidades com que ele contribui para o ambiente de trabalho. As habilidades que esse membro da equipe possui atualmente permitirão o alinhamento do trabalho de maneira mais eficaz quando ele for designado por causa dessas habilidades. Em seguida, identifique as habilidades necessárias a serem desenvolvidas para que ele se torne cada vez mais eficaz na posição que ocupa. O líder coach entende que criar algo em conjunto com alguém com quem está trabalhando é essencial, e essa conversa é extremamente útil para entender as metas e os objetivos dele no longo prazo. Depois que ele revela seus objetivos e aspirações, você passa a trabalhar para identificar as habilidades necessárias a serem cultivadas para que ele atinja esses objetivos. No caso de os membros da equipe estarem aquém do desempenho, é importante identificar as habilidades necessárias e em seguida confirmar se já foram desenvolvidas. Em quase todos os casos, o baixo desempenho é causado pela falta de habilidades essenciais que precisam ser adquiridas para que eles alcancem seus objetivos e aspirações. Ao planejar crescimento e desenvolvimento, é preciso identificar as habilidades necessárias e elaborar um plano específico de ação e cronogramas para que o membro da equipe as aprenda e desenvolva.

9. Atitude. A atitude é simplesmente o reflexo externo de nossas qualidades de caráter, que por sua vez são um reflexo de nossos hábitos. Uma atitude amarga, negativa e mal-humorada é um reflexo do caráter da pessoa, mas essas atitudes negativas também são um reflexo de sua maturidade. Frustrações, contratempos e mudanças não planejadas revelarão a maturidade e o caráter da pessoa pelas atitudes dela. E as atitudes são muito contagiosas: podem levantar ou destruir a moral e a ética de trabalho de uma equipe. Quando surge um desafio ou ocorre uma disrupção pela atitude de um membro da equipe, às vezes é difícil buscar o melhor. A melhor maneira de fazer isso é se reunir com o indivíduo negativo em particular e conduzi-lo por um processo simples. Comece perguntando o que está acontecendo e por que a atitude dele é negativa. Assim que ele explicar essa atitude ou mesmo negá-la, você pode passar para a próxima etapa, que é relatar o que você e os outros membros observaram no comportamento dele. Nessa conversa, é muito importante ser específico e factual. Depois, é preciso ser assertivo e demonstrar sua preocupação por ele, sem deixar de informá-lo que uma atitude negativa impede o melhor desempenho da equipe. Pergunte se ele concorda que passou do limite com a atitude demonstrada e, ao discutir o assunto, peça-lhe que repita a declaração de missão e os valores fundamentais da equipe e da empresa.

Então é hora de criar um plano de crescimento e de desenvolvimento para a atitude dele. Pergunte-lhe que atitudes serão melhores para o desempenho dele e da equipe, a fim de que a missão e os valores fundamentais da empresa sejam cumpridos. Ressalte que essa atitude já está nele, pois você já o viu em ação. Depois seja específico e cocrie o plano de crescimento com as ações que ele é capaz de realizar para promover uma atitude positiva que seja contagiante em si mesma.

10. Esforço. Muitas vezes, a falta de desempenho se resume ao simples fato de não se fazer o necessário para atingir o objetivo. Se você estiver lidando com um membro da equipe que não está fazendo seu trabalho, demonstra um ritmo muito lento ou apresenta uma produção inconsistente com a anterior, é importante identificar o que "melhores resultados" significam para eles. É essencial ter isso bem claro antes que a ruptura, o desafio e a mudança ocorram, pois muito trabalho e agitação farão parte da fórmula essencial para superá-los. A melhor maneira de começar é articulando com esse membro da equipe o que ele deseja com relação ao trabalho, se quer ser considerado excelente, mediano ou abaixo da média. Na maioria das vezes, você chegará à conclusão de que todo mundo quer ser considerado um membro excelente da equipe. Afirme e concorde com esse profissional em que isso é o que você deseja também. Agora pergunte como ele vê o futuro e quais seus objetivos e aspirações. Dependendo da posição que ele ocupa, a resposta pode estar relacionada com o crescimento dentro da organização ou com o sonho de iniciar o próprio negócio ou mudar de área. Seja qual for a resposta, não há problema em perguntar se ter um desempenho excelente em sua função atual irá ajudá-lo ou privá-lo de alcançar seus objetivos e sonhos. (Claro, um profissional de alto desempenho, em qualquer área, terá mais opções.) Pergunte-lhe então quais atividades, com que frequência e quantas vezes precisam ser realizadas para que ele alcance o status de profissional de alto desempenho. Seja específico ao cocriar o plano de crescimento e de desenvolvimento em torno das necessárias atividades diárias, semanais e mensais para alcançar consistentemente o mais alto nível de desempenho.

Buscar o melhor significa saber que é preciso fazer o melhor para ser o melhor. Muitas vezes, a falta de desempenho é simplesmente causada por um mal-entendido ou pelo desconhecimento do que é preciso para se tornar um profissional de alto desempenho e das atividades necessárias para atingir esse objetivo. Os líderes coaches entendem que isso demanda tempo e experiência e que conversas coaching regulares sobre níveis de esforço e de atividade podem ser necessárias para que a pessoa saiba o que fazer para maximizar o desempenho. Os líderes coaches não só buscam o melhor em seu pessoal, mas também o ajudam a identificar o melhor, e então comemoram e anunciam quando um membro da equipe atinge esse nível. Comemorar o sucesso da conclusão das atividades quase sempre vem muito antes da celebração dos resultados que elas produzem. Nunca se esqueça: os resultados sempre vêm *após* o esforço.

11. Concentre-se nos pontos fortes. Quando surgem os desafios, não é incomum que alguém fique desanimado a ponto de afetar a produção e o desempenho. Como líder coach, você pode causar um poderoso impacto sobre o desempenho concentrando-se nos pontos fortes de cada membro da equipe. Quando o trabalho se acumula e ocorrem contratempos, é da natureza humana concentrar-se no que está errado, não no que está certo. A disrupção e a mudança costumam afastar as pessoas de seus pontos fortes, e isso pode conduzir a uma perspectiva negativa. Se alguém de sua equipe está passando por tal situação, é hora de ter uma sessão de coaching particular com ele. A atitude externa pode não ser visivelmente negativa, mas você sabe que o semblante e a produção não estão normais. É um bom momento para perguntar como ele está e quais seus desafios e planos. Assim que esse membro da equipe se explicar, lembre-o, com a ajuda dele, dos pontos fortes que ele possui. Às vezes, é o suficiente para criar confiança e colocá-lo de volta nos eixos. Nessa conversa, pergunte como você poderia ajudá-lo a obter uma porcentagem maior de trabalho com relação a esses pontos fortes e talvez aumentar um pouco a carga ou a pressão sobre áreas em que ele não se destaque tanto. O desempenho máximo geralmente está relacionado com o tempo de dedicação aos pontos fortes de um indivíduo no processo de trabalho. Entender os pontos fortes dos membros da equipe exige que você busque o melhor, e, quando o fizer, garanta que cada um deles esteja operando na própria zona de força.

12. Humor. Uma das melhores maneiras de criar a atmosfera correta é usando o humor para aliviar a tensão. Quando a rotina começa e chega o desânimo, por causa dos desafios e disrupções que a pessoa está enfrentando, é sempre bom se reconectar no nível humano. Contar uma história engraçada ou mesmo embaraçosa sobre você irá quebrar o gelo e criar conexão. Não perca oportunidade alguma de demonstrar um saudável e bom humor. Lembre-se, porém, que o humor nunca deve ser feito à custa de ninguém. Uma boa gargalhada tem o grande poder levar as pessoas a se concentrarem outra vez na atitude correta. Lembro-me de estar em muitas reuniões da empresa iniciadas por papai com uma piada ou uma história engraçada. Fazer as pessoas rirem cria conexões e faz com que se concentrem no que vem a seguir. Se você estiver procurando ótimos vídeos para reproduzir em uma reunião de equipe, sugiro michaeljr.com. A especialidade de Michael Jr. é o humor saudável com um propósito, perfeito para criar uma atmosfera positiva com a equipe.

13. Conecte-os a outras pessoas. Pense em um momento de sua carreira em que você estava frustrado e não conseguia sair do lugar. Você conseguiu evoluir fazendo a mesma coisa repetidas vezes? Claro que não! Você precisou de informações novas e externas, que lhe permitiram mudar a perspectiva ou fazer algo diferente. Buscar o melhor quando seu pessoal estiver passando por dificuldades significa estar sempre em busca de novas ideias que os ajudem a crescer, mesmo durante os desafios mais difíceis. Há várias maneiras pelas quais você pode conectar seu pessoal a outras pessoas. A mais comum é sugerir livros ou programas específicos para os desafios e necessidades que estão enfrentando. Outra forma eficaz de fazer isso é recorrendo a especialistas ou a pessoas que tenham talento para ajudar em desafios específicos, com os quais a equipe depare regularmente.

Suponha que uma mãe solteira em sua equipe esteja com dificuldades de equilibrar a vida profissional e pessoal ao mesmo tempo que cria os filhos e cumpre as obrigações de trabalho. Apresentá-la a alguém que teve uma experiência semelhante, mas obteve sucesso, é uma ótima forma de dar esperança a um membro da equipe e elaborar um plano de jogo realista. Com muita frequência, os líderes coaches pensam ter a responsabilidade de resolver todos os problemas enfrentados pela equipe. A realidade, no entanto, é que a responsabilidade deles é conectar os membros com pessoas qualificadas para ajudá-los durante a disrupção e os desafios. Na Ziglar, ensinamos que o sucesso equilibrado significa ser bem-sucedido nas sete áreas da vida: mental, espiritual, física, familiar, financeira, pessoal e profissional. Como líder coach, é improvável que você seja um especialista em mais de duas ou três dessas áreas. Assim, é muito conveniente criar uma lista de materiais e pessoas para cada uma das sete áreas com as quais você pode conectar os membros da equipe.

14. Afirme a singularidade do outro. Cada membro de sua equipe é único. Infelizmente, as pessoas costumam culpar a singularidade pela falta de sucesso e de desempenho. Essa comparação é sempre perigosa e em geral leva a uma atitude derrotista. Isso é especialmente verdadeiro com relação aos dons, aos talentos e à personalidade única de cada pessoa. Ao trabalhar com alguém que esteja passando por dificuldades, você provavelmente irá ouvi-lo dizer: "Gostaria de ser mais [extrovertido, detalhista, ativo, educado, etc.]". Em uma circunstância desafiadora, o padrão para muitos é se concentrar no que eles não têm e nas vantagens dos outros sobre eles. Ao trabalhar com alguém em sua equipe que esteja passando por dificuldades, é bom afirmar a singularidade dele. Explique-lhe que singularidade e perspectivas, quando bem aplicadas, fazem com que ele agregue valor à equipe. A singularidade, combinada com o desenvolvimento intencional da atitude, do esforço e das habilidades, trarão à equipe um valor que ninguém mais possui. Como líder coach, informe-o de que sua função não é fazer com que ele seja igual aos outros, mas ajudá-lo a se tornar a melhor versão de si mesmo. Buscar o melhor em alguém significa reconhecê-lo como ser humano único e ver um futuro cheio de potencial para ele, com base em seu desenvolvimento como indivíduo. A melhor chance de sucesso dessa pessoa é maximizar e desenvolver seus dons e talentos únicos à medida que se desenvolve como um todo.

Ao refletir sobre este capítulo, escreva o futuro que você vê, para que possa criá-lo. Ponha no papel o melhor futuro possível, para que possa buscar o melhor!

Os líderes coaches são pessoas que procuram o bem e estão sempre tentando ver seu pessoal fazendo algo bom. Quando busca o melhor, você está realmente incentivando o melhor em seu pessoal. Estudos mostram que, se você apenas aponta erros, nunca fará nada para diminuir a probabilidade de outro erro. Contudo, quando aponta e elogia uma ação positiva ou um comportamento de forma adequada, aumenta as chances de esse comportamento se repetir. Buscar o bem é uma forma poderosa de aumentar a atmosfera e a cultura da equipe e faz com que todos sirvam e apoiem uns aos outros. Agora, faça as seguintes perguntas:

- Como você poderia buscar o melhor em si mesmo e se comprometer em desenvolver intencionalmente a melhor versão de si mesmo?
- Como buscar o melhor na equipe permitirá que os membros apresentem um desempenho superior?
- Como buscar o melhor diante da disrupção, do desafio e da mudança influencia positivamente seus líderes?

Encarar o futuro e preparar a equipe para o futuro depende destas virtudes: autocontrole, ser positivo e buscar o melhor. A melhor maneira de sair de um buraco é não entrar em um, em primeiro lugar. Ter autocontrole permite que você se concentre em construir escadas para o próximo nível de desempenho, em vez de sair de um buraco autoinfligido. Sua positividade é o combustível que permitirá ao seu pessoal ver o que é possível, em vez do que não é. E, ao preparar e buscar o melhor em cada situação, encontrará muito mais portas abertas de oportunidade para você liderar a equipe.

Ao refletir sobre esta seção do livro, o que você acha que todo o seu pessoal diria sobre *seu* autocontrole, *sua* positividade e *sua* política de buscar o melhor, se isso fosse solicitado em uma avaliação confidencial? O que você quer que eles digam?

Passar da teoria para a prática diz respeito ao que você faz. O que você poderia pôr em prática, com base nesses três capítulos, para levar a equipe a dizer o que você quer que seja dito quando questionada sobre você?

SEÇÃO TRÊS

O QUE PRECISA SER FEITO AGORA?

Virtudes focadas em pontos de ação que os líderes podem fazer, aconteça o que acontecer

O amor é paciente, o amor é bondoso. Não inveja, não se vangloria, não se orgulha. Não maltrata, não procura seus interesses, não se ira facilmente, não guarda rancor. O amor não se alegra com a injustiça, mas se alegra com a verdade. Tudo sofre, tudo crê, tudo espera, tudo suporta.

O amor nunca perece [...]

Assim, permanecem agora estes três: a fé, a esperança e o amor. O maior deles, porém, é o amor.

— 1Coríntios 13.4-8,13

Quando a disrupção ocorre, a equipe imediatamente olha para o líder, a fim de ver o que o ele vai fazer. Ele vai ficar paralisado, agir como se tudo estivesse bem ou ter uma reação exagerada? O líder coach deve se preparar com certa antecedência para imediatamente mostrar firmeza na tempestade. Ao não desistir da missão, o líder coach se torna a lâmpada que lança a luz da esperança sobre a equipe. O amor realmente suporta todas as coisas e se apresenta com força total no início da tempestade, para guiar as pessoas enquanto durar a tormenta. Quando a disrupção chegar, isso é o que você terá de fazer *imediatamente*.

CAPÍTULO 10

VIRTUDE 8: SEJA A LUZ

Tema: *Conduza através da escuridão.*

A liderança está relacionada com destaque e visibilidade. Quanto mais escuro, mais podemos brilhar como líderes.

Os líderes coaches acendem a luz de propósito e se certificam de que ela alcance toda a equipe. É preciso bravura para acender a luz e ser a luz.

Acredito que uma das primeiras coisas que um líder deve fazer é iluminar o propósito, a missão e *o porquê* da organização. Ser capaz de se comprometer pessoalmente com a missão da empresa e articulá-la de forma convincente é essencial. Quando a equipe percebe que você está totalmente comprometido, ela afasta qualquer dúvida e se permite entender seus motivos. Comprometer-se visivelmente na luz e depois se tornar a luz requer coragem, pois todos sabem onde você diz que está.

Agora que você já iluminou o lugar para onde está conduzindo seu pessoal, você precisa iluminar sua forma de liderar. Ciúme, disfunção, fofoca, divisão e estigma prosperam na escuridão. Quando os membros da equipe não sabem o que os demais estão fazendo, as sombras se aproximam e, com muita frequência, a confiança é substituída pela desconfiança. Uma das melhores maneiras de ter certeza de que a forma *como* você faz algo está correta é identificando as coisas que podem levar sua equipe a se sentir diminuída. Certifique-se de que sua liderança brilhe intensamente nessa área.

Reconheça a disrupção, o desafio e a mudança quando surgirem. Como líder coach, sua equipe precisa saber que você está ciente de cada obstáculo à sua frente. Ser a luz significa iluminar os desafios enfrentados para torná-los mais fáceis. Ser a luz também significa que em tempos mais sombrios você pode escurecer a própria luz e se concentrar em acender as luzes dos membros da equipe, o que irá produzir mais luz e menos sombras.

Veja estas sete maneiras práticas pelas quais você pode ser a luz e ter certeza de que sua liderança brilha intensamente.

1. Ninguém fica para trás. Esse desafio existe há décadas, ou desde o início da história dos negócios. Pessoas da categoria "outros" (temporários, novos, sem instrução, meio período, diferentes, mães que trabalham, etc.) tendem a ser deixadas para trás quando se trata de promoção, desenvolvimento e oportunidade. Atualmente, estamos vendo uma mudança significativa em nossos conceitos de localização, formação e experiência. No passado, as pessoas que progrediam mais rapidamente em uma organização eram quase sempre funcionários de escritório na sede da empresa, dada a vantagem da interação face a face com a liderança superior. Muitas vezes, a formação, a experiência e o histórico de trabalho ocorriam paralelamente à liderança.

Agora tudo está mudando. A força de trabalho híbrida e remota muitas vezes significa que os melhores e mais brilhantes elementos de uma organização não estão mais disponível para reuniões presenciais improvisadas com a liderança. As necessidades futuras dependerão menos do histórico de trabalho, da formação e da experiência e mais da capacidade de ser ágil, de aprender e se adaptar rapidamente às mudanças nas condições de mercado. A velha maneira de garantir que aquele conhecido como melhor e mais brilhante seja promovido está agora extinta.

Como líder coach, não deixar ninguém para trás significa que você precisa decidir como irá reconhecer e fazer com que seu pessoal se desenvolva. Se você optar por ignorar os melhores desempenhos remotos, eles logo estarão trabalhando para a concorrência ou iniciando as próprias empresas. Se você se concentrar apenas em resultados, então as pessoas irão se concentrar em como melhorar seu sistema, sem perceber que, não importa quanto tentem melhorá-lo, ele pode não ter mais importância, porque o mercado avançou.

Observe duas ações que podem ser tomadas para garantir que ninguém seja deixado para trás:

- Se você tiver uma força de trabalho híbrida ou remota, considere desenvolver uma abordagem e uma mentalidade na empresa que reconheçam a atividade diária dos trabalhadores remotos. A melhor maneira de fazer isso é certificando-se de que a missão, a visão e os valores da empresa estejam alinhados com o manual de políticas e procedimentos, a fim de dar suporte aos trabalhadores remotos. Se for entendido que as reuniões, comunicações e políticas da empresa estão voltadas para apoiar trabalhadores remotos, então todos os que trabalham nos escritórios serão automaticamente incluídos. A recíproca não é verdadeira, no entanto. Uma maneira infalível de alienar os melhores funcionários remotos é fazer com que se sintam excluídos da comunicação, da cultura e dos eventos da empresa.

- Certifique-se de que seu plano de reconhecimento e desenvolvimento para o pessoal requer altos níveis de engajamento, crescimento e atuação.

Ser a luz significa que você é responsável pelo engajamento, pelo crescimento e pelo desempenho do pessoal. Muitas vezes ficamos satisfeitos com o desempenho e o aceitamos no lugar do relacionamento e do crescimento. Como líder coach, nunca se esqueça de que as pessoas prosperam quando estão crescendo e aprendendo com as habilidades profissionais e com os relacionamentos.

2. Seja transparente. A confiança é o subproduto da integridade, e a transparência é a moeda da confiança. É possível ter um bom relacionamento, pessoal ou profissional, sem confiança? Claro que não! Integridade cria confiança. A transparência permite que a confiança faça seu bom trabalho. Se você não confiar no banco, manterá o dinheiro debaixo do colchão. Se você confiar no banco, guardará o dinheiro lá, e isso irá lhe render juros e financiar novos projetos. É assim que a transparência funciona com relação ao pessoal.

Ser a luz ao ser transparente permite que você crie uma atmosfera que permita à sua equipe ser transparente também. Quando você admite um erro, busca esclarecimentos por não ter entendido algo ou reconhece que não tem a resposta, e isso dá ao seu pessoal permissão para fazer a mesma coisa. O especialista em liderança Patrick Lencioni escreveu extensivamente sobre como a vulnerabilidade é um fator de grande importância, pois expressa como líderes criam equipes de sucesso. Muitas vezes, transparência e vulnerabilidade andam de mãos dadas. É preciso coragem para iluminar as próprias vulnerabilidades, no entanto essa luz permite que seu pessoal compartilhe a luz deles também. O crescimento de longo prazo requer a capacidade de identificar pronta e visivelmente o que não sabemos e que precisamos aprender. Esconder o que não sabemos contribui para um futuro sombrio!

3. Deixe os outros brilharem. Os líderes coaches entendem que a melhor maneira de alcançar objetivos empresariais é ajudando seu pessoal a atingir os próprios objetivos. Isso é feito por meio de colaboração, cocriação, encorajamento, apoio, desenvolvimento e preparo para que o pessoal brilhe.

Planeje o brilho! Uma das melhores maneiras de garantir que seu pessoal brilhe é planejando isso. Quando você estiver trabalhando com alguém em sua equipe, obtenha clareza desde o início sobre como é o sucesso e então informe a pessoa sobre como você planeja reconhecê-la quando o sucesso ocorrer. Acompanhe o progresso da pessoa procurando sempre ir um pouco além. Uma mensagem pessoal, um e-mail copiado para outro líder da empresa ou uma simples celebração em equipe são coisas que ampliam a luz que você traz.

4. Inclua a luz em sua pauta. Assim como o ódio não consegue vencer o ódio, pois só o amor o consegue, a escuridão não consegue derrotar a escuridão, pois só a luz o consegue. Por causa disso, a luz deve ser incluída em sua pauta. Falta de clareza ou de segurança sobre uma questão ou objetivo é uma forma de escuridão. Como líder coach, é fundamental e essencial trazer luz e clareza para as metas e para os projetos de sua equipe. Algumas perguntas-chave a serem feitas:

- Qual o resultado desejado com este projeto?
- Como o resultado apoiará nossa missão e visão?
- Qual o prazo do projeto e a data final da entrega?
- A quem o projeto pertence?
- Todos têm clareza e propriedade quanto ao seu papel no projeto?

Claro que essas perguntas são táticas, e, se você for como eu, já percebeu sua cota de perguntas que parecem boas, mas que nunca são realmente feitas. É por isso que você precisa pensar em "ser a luz" como uma virtude fortalecedora e transformadora. Sua mentalidade de líder coach deve adotar esta abordagem simples: "Que perguntas posso fazer para iluminar os desafios que enfrentamos, de modo que possamos nos concentrar na solução? Ser curioso e fazer perguntas com essa mentalidade é uma postura que economiza tempo e dinheiro!

Observe mais três perguntas do tipo "seja a luz" que aprendi com meu mentor Bob Tiede. Elas são ótimas para serem feitas durante conversas mais curtas, muitas vezes não agendadas:

- Como tem sido seu progresso paralelamente às suas prioridades desde a semana passada?
- Qual seu maior desafio esta semana?
- Como posso ajudar?

5. Pratique o método STICKY. O método STICKY é uma ferramenta poderosa para fazer com que sua equipe realize um *brainstorm* engajando e envolvendo a todos no processo. Muitas vezes, as sessões de *brainstorming* e de resolução de problemas simplesmente se deterioram quando há uma discussão entre uma pequena parte da equipe: os membros sinceros. Como não há foco intencional em esclarecer o problema, não é incomum que as soluções apresentadas sejam incompletas ou não atinjam o núcleo da questão. Além disso, se apenas alguns membros da equipe participarem, haverá uma grande possibilidade de as melhores soluções nunca serem oferecidas. Então use o método STICKY para obter clareza e envolvimento completo da equipe:

S: Say the problem (Diga qual é o problema). O dono do problema precisa explicá-lo em detalhes e é livre para usar um flipchart, um quadro-branco ou um Power Point. É preciso ser claro!

T: Talk it out (Converse sobre ele). Todos no grupo fazem perguntas ao dono do problema, a fim de esclarecer as dúvidas. É muito importante que nenhuma solução seja oferecida nessa fase, apenas mais luz sobre o problema. Agora reescreva o problema com base nas novas informações.

I: Invent solutions (Invente soluções). Peça a todos no grupo que escrevam pelo menos três soluções possíveis para o problema em *post-its*, uma solução por *post-it*. Ninguém fala nesse momento. Desse modo, todos participam, e a resposta improvável e genial terá mais chances de surgir. Se a reunião for por meio de uma chamada de Zoom ou algo semelhante, peça a todos que escrevam suas soluções no chat, mas diga-lhes que não as enviem até ouvirem seu comando. Dessa forma, todos estarão focados em oferecer as próprias soluções, em vez de olhar para o que os outros estão dizendo.

C: Communicate solutions (Comunique soluções). Faça com que cada pessoa leia individualmente as soluções escritas em seus *post-its* ou no chat não enviado, explicando-as quando necessário. Quando terminarem, os *post-its* serão entregues ao dono do problema ou enviados pelo chat. É poderoso transferir as anotações para um quadro-branco ou flipchart com o problema identificado ou copiá-las para um documento compartilhado, que a equipe possa visualizar na chamada de Zoom.

K: Know your plan (Conheça seu plano). Priorize as etapas de ação e crie um plano para resolver o problema.

Y: You get to work! (Comece a trabalhar!) Determine um cronograma e a responsabilidade de cada um.

6. Você brilha mais quando sua carga é mais leve. No livro *Choose to Win*, utilizo a metáfora do balão de ar quente como meio de transporte que nos leva ao destino dos objetivos e sonhos. A cesta do balão é rotulada como Desejo e preenchida com todos os desejos, objetivos, sonhos, habilidades e experiências. No próprio balão, está a palavra "Esperança", significando que a crença em alcançar seus desejos dará vida, significado e propósito à nossa vida. A fornalha do balão é o combustível fica queimado: o calor enche o balão e o faz subir. Ela é rotulada de Garra, pois, para chegar ao seu destino e alcançar seus objetivos e sonhos, é preciso muita garra! Para alcançar as coisas que você quer na vida, você precisa ter um desejo ardente, a esperança de que consegue fazer isso e que valerá a pena e a coragem para continuar fazendo o que precisa ser feito, mesmo quando ficar difícil. Mas você também precisa de uma faca! Agora imagine que está em seu balão enquanto lê o seguinte excerto de *Choose to Win*:

> Seu balão está com muita dificuldade para ganhar altitude. A chama da Garra cresce com força total, contudo você não consegue subir mais! O que estaria impedindo a impulsão? Você se enche de coragem, olha pela lateral do balão e entende tudo. O balão está amarrado ao chão por várias cordas! Há mais uma coisa que é preciso fazer para que o balão alcance todo o seu potencial: cortar as cordas que o seguram. Isso requer mais Garra! Chamo essas cordas de maus hábitos ou de resultados dos maus hábitos. Elas representam coisas como o mau hábito das crenças limitantes, maus hábitos de saúde e maus hábitos de conversação interna — na verdade, qualquer hábito que o impeça de maximizar os dons e os talentos que Deus lhe deu. Você pega a faca afiada da sabedoria e, com muita Garra, começa a cortar as cordas dos maus hábitos e das crenças limitantes.
>
> Ao cortar a primeira corda, percebe que está rotulada como Crença Limitante. E diz em voz alta enquanto a corta: "Eu consigo! O que os outros me disseram no passado está errado. Fui projetado para a realização, projetado para o sucesso e dotado com as sementes da grandeza". Quando a corda é cortada, o balão ganha muita altitude. Você sobe rapidamente e então acontece de novo. Bam! Você olha para o lado e percebe que outra corda o prende. Está rotulada como Mau Hábito. Ao cortá-la, você começa a sorrir enquanto ganha altitude. Por que você está

> sorridente? Simples. Você vê muito mais cordas, mas tem uma visão muito afiada e muita Garra. Você escolheu vencer! Seu balão agora ganha a altitude necessária para alcançar seus objetivos e sonhos!

Como líder coach, é preciso entender que às vezes você é a própria disrupção e o desafio que tem de enfrentar. Que maus hábitos o estão impedindo de crescer e de que sua luz brilhe forte e amplamente e que precisam ser cortados de sua vida?

7. Ser a luz é uma responsabilidade, não um direito. Sua responsabilidade é iluminar o que é certo. Não se confunda pensando que, só pelo fato de ser o líder, você tem o direito de ser seguido pela equipe. Liderança não é um direito, e sim um relacionamento a ser conquistado. Pense nos líderes da história e em sua experiência de vida que tiveram de lidar com enormes desafios: quantos deles falharam por verem sua posição de ser a luz como um direito, em vez de uma responsabilidade?

Ser a luz que as pessoas querem seguir significa assumir a responsabilidade de garantir que sua luz brilhe intensamente, em especial nas circunstâncias mais difíceis. Ao justificar as exceções e os acordos em benefício próprio à custa daqueles que serve e lidera, você está abdicando de suas responsabilidades e dando margem para a equipe fazer o mesmo.

Disrupção, desafio e mudança fazem parte da vida e da liderança. Quando a escuridão chega, é essencial entender e assumir a responsabilidade de ser a luz que guia seu pessoal pelas tempestades. Reserve um momento para revisar as sete maneiras práticas que o tornam a luz e garantem que sua liderança brilhe intensamente. Escreva a palavra "sim" ao lado de cada uma das sete maneiras práticas que se aplicam a você. Agora, leia as perguntas a seguir e pense nas respostas usando como guia as sete maneiras práticas marcadas com a palavra "sim":

- Como vou liderar a mim mesmo para ser uma luz melhor?
- Como poderia ser a luz de maneira mais eficaz para minha equipe?
- Como poderia ajudar a luz de meu líder a brilhar mais intensamente?

Um pensamento final: ser a luz diz respeito a motivo e ação. Recebi a seguinte mensagem da coach Richelle Hoekstra-Anderson, da Ziglar Legacy. Alguns meses após o início da pandemia, gravamos um vídeo edificante e encorajador para ajudar as pessoas que passavam por dificuldades durante o confinamento. Richelle tem um coração enorme para ajudar as pessoas em dificuldades, então ela criou um desafio de cinco dias no Facebook para ajudá-las. Ela escreveu:

> Ah, mais uma coisa...
>
> Não sei se você sabe, mas depois que você e eu gravamos o vídeo Stronger [Mais fortes] na primavera, lancei meu primeiro desafio de cinco dias no Facebook, chamado Stronger Mindset [Mentalidade mais forte]. Durante cinco dias postei um vídeo que respondia ao desafio da incerteza pela prática das principais ferramentas de construção de resiliência. O grupo começou com 60 pessoas (que se inscreveram quando ofereci enviar a eles nosso vídeo, se me fornecessem o endereço de e-mail) e alcançou rapidamente mais de 800 pessoas no quinto dia. O grupo privado do FB continua crescendo,

> e já estou com quase 1.200 membros de todo o mundo participando dele.
>
> Foi a partir desse grupo que pude lançar o programa coaching em grupo, chamado Choose to Win [Escolha vencer]. Já estou encerrando meu segundo programa de grupo bem-sucedido e planejo executar outro em breve.
>
> Então estou Escolhendo Vencer... e sua inspiração, com a oportunidade de gravar aquele vídeo com você, foi o que me fez *crescer*.

Eis a questão: o motivo de Richelle era ajudar as pessoas, e a atitude dela partiu disso. Essa combinação de motivo e ação permitiu que ela fosse a luz para mais de mil pessoas nesse único exemplo. E você pode fazer o mesmo!

CAPÍTULO 11

VIRTUDE 9: NUNCA DESISTA

Tema: *Seja paciente e tolerante.*

Devemos condicionar nossa mente para perseverar, para acreditar que cada provação nos fortalece e que todo desafio é uma oportunidade, nunca desistindo e sempre focando nas soluções, nos processos e no progresso. Em meio a uma crise, às vezes o melhor a fazer é... nada. E isso exige uma paciência incrível.

Água suja fica mais limpa se a deixarmos quieta.
— Alan Watts

Ser paciente é a rocha em que você pode se apoiar quando tudo o mais estiver turbulento ao seu redor. Ser paciente não é recuar nem desistir: é simplesmente resistir ao impulso de reagir quando há incerteza e falta de clareza. Perseverar na tempestade um pouco mais, em vez correr para se proteger, geralmente lhe dará tempo necessário para clarear a mente e observar o melhor curso de ação.

> Meus irmãos, considerem motivo de grande alegria o fato de passarem por diversas provações, pois vocês sabem que a prova da sua fé produz perseverança (Tiago 1.2-3).

Quando estava no sétimo ano, escolhi Tiago 1.2-3 como os versículos de minha vida. Agora, quando olho para trás, fico imaginando o que estava acontecendo em minha vida no momento dessa escolha. De quase todas as perspectivas, minha vida era a mais perfeita possível. Pais amorosos, boa saúde e ótima escola, além do sucesso de papai no mundo dos negócios, significava que eu enfrentava pouquíssimas provações reais. Agora, com mais de 44 anos de experiência, posso dizer honestamente que esses versículos exerceram grande impacto em minha vida simplesmente por causa da maneira como vejo as provações, a perseverança e a resignação.

Dizer "nunca desista" é muito mais fácil que nunca desistir. Ao ler este capítulo, ponha um sinal de positivo (+) em cada seção que você acredita ser capaz de ajudá-lo quando estiver enfrentando uma tempestade com perseverança. Assim, terá ainda mais capacidade de nunca desistir.

Considere tudo como alegria

Como líder coach, quero incentivar você a considerar tudo como alegria quando o desafio, a disrupção e a mudança surgirem. Tudo que há em um desafio deve ser saboreado, pois, com a mentalidade certa e com determinação, você será fortalecido em todas as áreas da vida. Quando sobrecarregamos nossos músculos com pesos, o desafio destrói o músculo, que é restaurado em seguida, voltando a crescer mais forte. À medida que avançamos em nossa carreira empresarial, os desafios que superamos nos permitem crescer e nos dão a oportunidade e a competência para lidar com mais responsabilidades. A próxima vez que um problema surgir em sua vida profissional, seja por meio de uma circunstância empresarial, seja por um relacionamento único de um dos membros da equipe, considere tudo como alegria, pois esse teste e a forma como você *cresce* ao passar por ele o tornarão mais forte. A atitude de considerar-tudo-como-alegria e a mentalidade com relação ao desafio aumentarão em muito a probabilidade de lidar com a situação de forma correta e rápida.

A atitude de escolher vencer

No livro *Choose to Win*, afirmo corajosamente na capa que você pode transformar sua vida fazendo uma simples escolha de cada vez. Todos nós temos uma escolha, até mesmo a escolha de não escolher, e acredito que escolher perseverar, resignar-se e ser paciente são essenciais ao seu sucesso como líder coach no longo prazo. Vá em frente e escolha com antecedência suas atitudes em momentos de disrupção e desafio. Os mentores de minha vida me perguntaram o que eu faria em tempos de desafio. Essa simples pergunta expressa dois tipos de viés. Em primeiro lugar, reconhece que sempre há desafios chegando. Em segundo lugar, permite que você lide melhor com os desafios quando eles surgirem. A melhor preparação de todas é criar a mentalidade e os músculos antes de precisar deles. Escolha as atitudes certas.

Aprenda com quem perseverou

A história está repleta de inúmeras narrativas de pessoas que superaram desafios incríveis na vida. Ler as histórias dos sobreviventes do Holocausto e de pessoas que sobreviveram a naufrágios e outras tragédias ajuda-nos a entender o incrível potencial que todos temos dentro de nós para perseverar quando nos dedicarmos a isso e nos concentrarmos na tarefa diante de nós. Histórias de pessoas conhecidas, que mostram seus exemplos de vida e de perseverança, causam um impacto ainda maior. Lembro-me vividamente das histórias que papai contava sobre sua infância durante a Grande Depressão, quando teve de trabalhar aos 6 anos de idade, sobre o momento em que entrou no mundo das vendas sem obter sucesso nos primeiros dois anos e meio e sobre sua perseverança. Dar mais um passo em direção ao seu objetivo levou-o à oportunidade de conversar com P. C. Merrell, algo que mudou a vida dele para sempre. Muitas vezes, a conquista do sucesso só vem depois de você se colocar em uma posição de sucesso enquanto está de pé sobre sua pilha de fracassos.

Revisite seu porquê

Quando você depara com um revés, um fracasso ou uma disrupção maciça, é sempre bom rever seu porquê. Perguntei ao meu amigo José Garcia-Aponte o que ele faria se a vida o derrubasse. A rápida resposta foi: "Daria uma corrida na praia e revisitaria meu *porquê*". Qual é o seu *porquê*? Qual seu propósito? Sua família? Seu legado? Algo que precisa provar a si mesmo? Sua fé? Ter clareza sobre o motivo de estar fazendo o que está fazendo e sobre como o sucesso beneficia seu *porquê* lhe permitirá perseverar durante as tempestades mais violentas. Conhecer seu *porquê* tem o benefício extra de evitar perda de tempo e energia com coisas que não o apoiam nem o levam à realização.

Ligue para *alguém* — ou para seu mentor ou seu coach

Meu "amigo alguém" Bob Beaudine escreveu um livro intitulado *The Power of Who* [O poder do quem].[1] Ele descreveu o que é um *amigo alguém*, ou seja, um amigo verdadeiro: alguém com quem você pode abrir seu coração, que o chama à responsabilidade e fará qualquer coisa por você e por quem você fará qualquer coisa. Um verdadeiro amigo conhece seu *porquê*, seus sonhos e as coisas que o mantêm acordado à noite. Como Bob disse: "Um verdadeiro amigo o conhece tão bem que, quando você esquecer a canção do seu coração, ele cantará as palavras diretamente para você". Quando a tribulação surge, não há pessoa melhor para chamar que seu "amigo alguém". Nunca desistir significa termos pessoas com quem possamos contar e que ficarão do nosso lado. Você tem três ou mais "amigos alguém" em sua vida? Se não, sugiro que devore o livro de Bob e aprenda como encontrar e fazer esse tipo de amigo. Os "amigos alguém" fazem toda a diferença e dão a esperança e o incentivo necessários para nunca desistirmos.

Um mentor é outra ótima opção para recorrer quando estamos passando por um difícil desafio. Os mentores são excelentes caixas de ressonância e geralmente têm experiência

---

[1] BEAUDINE, Bob. **The Power of Who:** You Already Know Everyone You Need to Know. New York: Center Street, 2009.

relevante para nos ajudar e nos orientar em tempos difíceis e desafiadores. Pensar no exemplo de seu mentor ou mesmo na história de vida dele e em como ele nunca desistiu de uma situação semelhante é uma forma poderosa de manter o foco na conclusão do projeto à sua frente. Talvez o mais importante seja o fato de ele poder encorajá-lo quando aquilo em que você estiver trabalhando não gerar resultados. É provável que você ouça a versão dele sobre a mesma experiência ou sobre uma experiência semelhante, seguida de palavras encorajadoras: "Continue assim! Você está chegando perto!". Nunca desistir muitas vezes depende de seguir os passos dos mentores, que passaram por isso antes de nós.

Tenho certeza de que não ficará surpreso se eu disser que você precisa de um coach. Os coaches são diferentes dos mentores, porque são mais focados em ajudá-lo a descobrir soluções que em oferecer soluções. Um bom coach irá lembrá-lo de seu *porquê* e fará perguntas para ajudá-lo a encontrar o melhor caminho a seguir. Os coaches também entendem o poder da responsabilidade e no final da conversa geralmente encerram com uma pergunta semelhante a esta: "Que compromisso você estaria disposto a assumir com relação a este desafio antes da nossa próxima sessão?". Responsabilidade nunca é mais importante que as grandes coisas da vida em que desistir não é opção.

Comece cada dia com o começo perfeito de nunca desistir

O hábito mais poderoso de minha vida é o que chamo "começo perfeito". Se você escolher esse hábito, todas as áreas de sua vida irão melhorar. O começo perfeito é simplesmente como você começa cada dia, e o objetivo é simples: fazer sua vida acontecer durante o dia, em vez de deixar o dia acontecer durante a vida. Como você começa cada dia é essencial, especialmente se estiver lutando contra dragões em uma situação em que desistir não é opção. Dedico intencionalmente a primeira parte de cada dia a me fortalecer, planejar o dia e realizar minhas principais prioridades. Quando você depara com uma grande disrupção ou mudança, isso se torna sua principal prioridade quanto ao foco. Antes de elencar as atividades essenciais do começo perfeito, gostaria que você tivesse algumas coisas em mente.

Não importa se você é ou não uma pessoa matutina. O começo perfeito pode ser adaptado às suas necessidades, e pode ser breve. A chave é fazer a mente trabalhar e pensar intencionalmente sobre o que precisa ser realizado antes de começar o trabalho do dia.

Comece pequeno. Invisto 90 minutos ou mais em meu começo perfeito, porém não comecei assim. Para aprender esse novo hábito, bastam dez minutos ou mesmo cinco minutos. A chave é fazê-lo todos os dias até que se torne um hábito. Prefiro que você faça dez minutos por dia, todos os dias, durante sessenta e seis dias, do que 30 minutos apenas três ou quatro vezes por semana. O começo perfeito é um músculo que você constrói. Não tente correr uma maratona na primeira vez.

Remova as distrações. Faço meu começo perfeito todas as manhãs. Levanto-me, faço o café e começo. Não verifico e-mail, mensagens de texto, mídia social, notícias ou qualquer outra coisa até concluir meu começo perfeito. O objetivo é primeiro acertar a mentalidade e depois planejar o dia, para em seguida resolver os objetivos do dia.

Crie tempo. Faça o começo perfeito antes de tudo. Crie tempo levantando-se um pouco mais cedo, se necessário. É incrível como se levantar 15 minutos antes e usar esses 15 minutos no começo perfeito, compensa pelo dia todo.

O começo-perfeito-de-nunca-desistir

1. **Cinco minutos.** Comece com gratidão, oração e um tempo de reflexão. Acalme sua mente.
2. **Dez minutos.** Leia ou ouça algo inspirador e construtivo para a vida. Pode ser as Escrituras, um livro ou um devocional. Direcione sua mente a pensar na direção certa.
3. **Dois minutos.** Revise seu *porquê*. Leia para si mesmo. Confirme isso em sua mente.
4. **Cinco minutos.** Registre seus pensamentos e sentimentos com relação ao desafio que você está enfrentando. Obtenha clareza sobre o desafio. Foque sua mente.
5. **Dez minutos.** Responda por escrito a estas cinco perguntas:
   - Que problema você precisa resolver?
   - Quais desafios você está enfrentando para resolver o problema?
   - De que habilidades e conhecimentos você precisa para resolver o problema?
   - Quem pode ajudá-lo a resolver o problema?
   - Qual o plano para resolver o problema?
6. **Quarenta e cinco minutos.** Trabalhe intensamente para resolver o problema com ações específicas que podem ser realizadas nesse dia.

Repita essas seis etapas todos os dias até que o problema seja resolvido.

Observação: Você pode precisar revisar apenas a etapa 5, pois o restante pode não mudar muito de um dia para o outro.

Dê um passo para trás e tente outra coisa

Albert Einstein supostamente disse que insanidade é fazer a mesma coisa repetidamente e esperar um resultado diferente. Todos nós já passamos por isso. É fácil ficar preso ao fato de trabalhar cada vez mais e fazer as mesmas coisas com mais intensidade, na tentativa de superar um problema enquanto vivemos a ideia de nunca desistir. Dê um passo para trás e eleve seu pensamento. Reflita sobre o problema e o que você tem feito para resolvê-lo. Está agindo para solucioná-lo? Outros agiram da mesma forma e obtiveram resultados?

Deixe essas perguntas assentarem em sua mente. Agora identifique as coisas que não tentou e as pessoas com quem você não falou sobre a situação. Pesquise sobre o problema em questão. Crie uma nova lista de coisas que você poderia tentar fazer e rever várias vezes durante o dia. Antes de dormir, revise a lista e pergunte a si mesmo: "Em qual destes itens devo focar minha atenção amanhã?". Depois tenha uma boa noite de sono e preveja um começo de manhã perfeito, com o objetivo de utilizar uma ou duas novas ideias. Muitas vezes, a nova ideia combinará com algo que foi tentado no passado, e a combinação o direcionará para a solução. Lembre-se: nunca desistir não é uma questão de insanidade. Trata-se de perseverar e tentar coisas novas ao descobrir coisas que não funcionam.

Entusiasme-se com as vitórias obtidas em outras áreas da vida

Como líder coach, o foco principal deste capítulo é demonstrar a abordagem de nunca desistir na busca por realizar a missão da empresa. Quando a disrupção vier, não limite seu pensamento concentrando-se 100% no problema. Se o fizer, isso irá drenar sua energia por negligenciar as outras áreas da vida. Olhe para as sete áreas de sua vida — mental, espiritual, física, familiar, financeira, pessoal e profissional — e escolha duas ou três que precisam de mais atenção e que poderiam aumentar sua energia geral, se você obtiver uma vitória rápida com relação a elas.

Por exemplo, você percebe que está mentalmente esgotado e sem boas ideias; além disso, o condicionamento físico tem sido negligenciado por causa do tempo investido no trabalho, a fim de superar a disrupção. Defina uma meta de curto prazo para uma ou duas semanas e comprometa-se em malhar intensamente quatro ou cinco vezes por semana, ao mesmo tempo que ouve um programa de desenvolvimento pessoal ou um audiolivro que motive e inspire a criatividade. Pense em algo que você goste de fazer e que pode ser a recompensa por completar essa meta de curto prazo. Pode ser uma coisa tão simples quanto sua refeição favorita, mas, seja o que for, certifique-se de que seja algo de que você realmente gosta. Focar e obter vitórias nas outras áreas da vida costumam ser um estímulo à criatividade e gerar as ideias necessárias para enfrentar o problema. Uma das marcas registradas dos profissionais de alto desempenho em todos os setores é que sempre estão preocupados em criar energia de forma intencional nas áreas mais importantes de sua vida.

Se você é o coach de alguém de sua equipe e ele está passando por um desafio, pergunte como anda a vida dele em todas as áreas. Qualidade de vida igualada à qualidade de trabalho é fundamental quando lidamos com uma grande disrupção, e isso é essencial para a perseverança. Nunca desistir é alimentado pela constante atenção que damos à nossa saúde mental, espiritual, física, familiar e financeira e à nossa vida pessoal — não só à nossa carreira. Quando você tem uma conversa coaching com um profissional de alto desempenho que subitamente passou a enfrentar um desafio, provavelmente descobrirá que a raiz do problema é uma disrupção na vida pessoal. Pessoas com problemas em casa acabam levando esses problemas para o trabalho, e, se você puder ajudar os membros da equipe a obter algumas vitórias na vida pessoal, isso os ajudará em sua vida profissional.

Planeje com antecedência como lidar com o revés

Aqueles que perseveram em tempos de desafio e mudança são os que entendem que a disrupção sempre acontecerá e planejam como lidar com ela. A maioria das pessoas faz planos com relação aos desafios físicos. Isso pode ser visto nas contas de poupança e nas reservas de caixa. Os líderes coaches maduros fazem isso constantemente ao treinar e desenvolver seu pessoal em novas habilidades, a fim de prepará-los para o futuro e promover uma mentalidade de crescimento. A maneira mais importante de se antecipar aos desafios é também a mais negligenciada: trabalhar a atitude e a mentalidade.

Quando as coisas ficam difíceis e os dias se tornam longos e cansativos, é fácil cair na armadilha de uma mentalidade negativa. Se você não tomar cuidado, seu tom e sua conversação interna irão se transformar em um lamento constante e monótono: "Por que eu? Quando isso vai acabar? E se não resolvermos isso? Pode ficar ainda pior? Que ótimo! Mais notícias ruins!". Você já prestou atenção ao seus pensamentos? A maioria de nós já fez isso. Agora, pergunte a si mesmo: "Será que algum desses pensamentos ou dessas conversações internas me ajudam a superar o problema, a perseverar, a nunca desistir?". É uma pergunta fácil de responder.

Como líder coach, você precisa treinar a mente com antecedência. Quando os desafios e contratempos continuam a se acumular, comece automaticamente a dizer o seguinte:

- Mais uma oportunidade para aprender!
- O que isso está me ensinando?
- Fantástico!
- Resolver esse problema será épico!
- Sou grato por ter minha equipe para enfrentar esse desafio!

Vamos identificar o que podemos controlar e fazer algo a respeito.

Os fuzileiros navais dos Estados Unidos têm uma abordagem fantástica para criar a mentalidade de nunca desistir antes de irem para a batalha. Eles são treinados para *improvisar, adaptar* e *superar* qualquer obstáculo, em qualquer situação. Os fuzileiros adoram o desafio, e, se ficar por perto de um fuzileiro naval quando eles estiverem enfrentando um sério revés ou desafio, você os ouvirá dizer baixinho estas três grandes palavras: "Improvisar, adaptar e superar".

Entenda o poder do incrementalismo

Dê pequenos passos. Quase todos superestimam o que podem fazer em pouco tempo e subestimam o que podem fazer por um longo tempo. Perseverar em um grande desafio é sempre acompanhado por centenas de pequenos passos que gradualmente se somam a uma grande vitória. Assim como na seção anterior, sobre o começo perfeito, com o cuidado em todas as áreas da vida, é importante dividir o desafio em diferentes áreas, que possam ser controladas. Você não pode controlar a resposta de seu cliente, mas pode controlar a apresentação e a pesquisa.

Use o incrementalismo para dividir o problema em partes e concentre-se em melhorar cada parte em 1%. Talvez você esteja trabalhando com um vendedor que esteja enfrentando dificuldades, mas está convencido de que ele conseguirá superar o problema se nunca desistir. Divida seu processo de vendas em partes principais:

- Mentalidade
- Qualidade dos leads
- Número de chamadas realizadas
- Conversas introdutórias
- Chamadas de descoberta
- Apresentações formais
- Perguntar sobre o negócio
- Superar objeções
- Obter referências
- Obter depoimentos

Dependendo do ambiente de vendas, pode haver mais ou menos componentes para o processo de vendas que os listados aqui, mas o princípio é o mesmo. Olhe para cada categoria e pergunte como seu liderado poderá melhorar 1% a cada semana. Como você pode ver, a melhoria de 1% abrange todas as áreas da função da pessoa, além de atitude, esforço e habilidade. Nunca desista! De grão em grão, a galinha enche o papo!

Reoriente o alicerce

Tão logo fique evidente que você está diante de uma grande disrupção ou desafio, é sensato rever e reorientar o alicerce sobre o qual seu negócio foi construído. A essa altura do processo, você deve já ter reconfirmado e esclarecido seu *porquê*. Então é hora de se concentrar outra vez no alicerce sobre o qual seu *porquê* e sua empresa foram construídos. Qual problema você pode resolver? Que solução você pode oferecer? O que é único, melhor ou diferente em sua solução ou serviço? Por quais princípios e valores você se orienta ao resolver os problemas dos clientes? Você está satisfeito com o alicerce que vê? Caso negativo, precisa começar a trabalhar nele, ou provavelmente os ganhos de curto prazo percebidos por causa do aumento de energia e de esforço serão apenas temporários. Lembre-se: a tempestade muitas vezes revela a estabilidade do alicerce sobre o qual a empresa foi construída.

Olhe para além da situação

À medida que você continua perseverando e superando os principais desafios dos negócios enquanto trabalha e ajuda os membros da equipe a se desenvolver, reserve um tempo para tentar enxergar além da situação. Olhe para a empresa ou para o desafio do ponto de vista do cliente, do mercado ou da opinião dos membros da equipe. O que mudou? Os negócios estão sendo feitos de maneira dramaticamente diferente? Há uma nova tecnologia disruptiva no setor? As decisões tomadas agora são diferentes das que se tomavam no passado? Existe a chance de as coisas voltarem a ser como antes? Ao olhar para além de seu desafio, você verá com clareza o que mudou. Nunca desistir também significa abraçar as mudanças.

Descarte o plano antigo

Um dos dilemas interessantes em tempos de mudanças rápidas e de disrupção é que as organizações que possuem um plano completo e bem elaborado de cinco anos (ou mais) e se mantêm fiéis a ele são as mais propensas a sofrer. Quando a pandemia de covid-19 mudou a forma e o local de trabalho de milhões de pessoas, a necessidade de servir os clientes e de resolver seus problemas não foi alterada. O antigo sistema de reuniões de equipe presenciais e de sessões de estratégia de repente passou a não mais ser possível. Como líder coach, nunca desistir significa estar constantemente em busca de um novo plano, que possa levá-lo aonde ele desejar ir. Quanto mais rapidamente você abandonar um plano que já não funciona, mais rapidamente irá abraçar um novo plano com chances de dar certo.

A história que você conta para si mesmo

A história mais poderosa do mundo é aquela que você conta para si mesmo, porque determina seu pensamento, que por sua vez determina seu desempenho, que determina seus resultados. Qual é a história que você conta para si mesmo quando está cercado de desafios e disrupção? Você é grato? Sobrecarregado? Humilhado? Animado? Constante? Ao liderar a equipe e a si mesmo, você pensa: "Por que eles me ouviriam?". Em vez disso, você poderia pensar: "Estou aqui por um motivo e estou pronto para fazer parte da solução".

Fiquei sabendo de um grupo das Primeiras Nações, na Austrália, que era frequentemente chamado para fazer a dança da chuva em tempos de seca. Eles tinham uma taxa de sucesso de 100%. Então perguntaram a um dos anciãos do grupo como conseguiam aquilo, e o ancião respondeu: "É simples. Nós dançamos até chover". Essa é a abordagem definitiva de nunca desistir, e, obviamente, a história que você conta para si mesmo determinará quanto tempo você está disposto a dançar.

Cada "não" é um passo mais perto do "sim"

Nunca desistir significa que você olha para os "nãos" e para os fracassos como simples etapas que o levam a um passo mais perto da resposta. Quando eu trabalhava com vendas, mantinha um registro diário de quantas pessoas tinham dito "não" às minhas ofertas. Sempre que recebia um "não", eu sorria, porque sabia que estava a um passo mais perto de um "sim". Por que eu sorria? Acompanhei por meses quantos "nãos" eu recebia até conseguir um "sim", e fiquei sabendo que para cada sete "nãos" receberia um "sim". Concentre-se no que você pode fazer e em como fazê-lo, aceitando o fato de que nem todo esforço irá trazer o resultado que você deseja, mas vai ajudá-lo a aprender e a coletar informações sobre como resolver o problema.

Não seja um SINOP

SINOP é um termo que papai cunhou há muitos anos. Significa Suscetível à Influência Negativa de Outras Pessoas. Os SINOPs têm poucas chances de liderar seu pessoal em tempos difíceis. A negatividade é algo que nenhum de nós precisa procurar, pois ela apenas aparece, principalmente quando não precisamos. Os líderes coaches estão sempre atentos àqueles que os encorajam, os ajudam a se erguer e têm uma atitude protetora, em vez de procurar alguém que possa influenciar negativamente a mentalidade ou a moral da equipe. Mencione esse fato ao discutir opções e planos para superar um desafio com a equipe, a fim de determinar se as comunicações recebidas são positivas ou negativas. Se alguém que tem a atenção da equipe ou autoridade posicional sobre ela é negativo em seu estilo de comunicação, certifique-se de discutir o caso com a equipe, de modo a limitar o efeito nocivo. Como líder coach, é certo que, se você for um SINOP, a equipe provavelmente também desenvolverá uma atitude e uma moral negativas.

Você está dando o exemplo

Sempre que estou voando para um destino e pego mau tempo, fico de olho na tripulação. Se eles continuarem a operar profissionalmente, sem estresse visível, alarme ou alguma preocupação, então sei que está tudo bem. Acredito que eles possuem as melhores informações e, com base nisso, estejam tomando as decisões adequadas. Como líderes coaches, nossa linguagem corporal, nosso tom de voz e nossas palavras também confortam a equipe ou levantam preocupações. Que mensagens você está enviando?

Há muitas coisas que podem ajudá-lo a perseverar e a nunca desistir em meio aos desafios, e tudo isso é visível pelo exemplo que você dá. Seu pessoal fará o que você faz e reagirá ou responderá da maneira que você reage ou responde. Estar confiante sobre seu curso de ação, mesmo quando ainda não descobriu a resposta, é crucial na liderança da equipe. Por isso, você deve definir o ritmo de preparação e de crescimento desde o primeiro dia.

Estabeleça o ritmo desde o primeiro dia

Conhecer a disrupção e se preparar para ela significa que você entende que está chegando o dia em que terá de viver a abordagem de nunca desistir. Isso significa que desde o primeiro dia, a começar com o recrutamento, a integração, o treinamento e o desenvolvimento, é preciso planejar a criação de um ritmo para aprender, crescer e saborear os desafios que virão.

À medida que você caminha em direção ao futuro, recrutar os melhores funcionários será uma área extremamente importante e competitiva com a qual você deve se preocupar. Os melhores profissionais podem trabalhar para quase qualquer empresa e de qualquer lugar. O valor de mercado deles nunca foi tão alto, e a prerrogativa de escolher onde trabalhar nunca esteve tão a favor deles. No processo de recrutamento, você deve ser claro sobre a missão de seu negócio, os valores que mantém e pelos quais opera e principalmente sobre como lidará com a disrupção e com a mudança. Ao recrutar profissionais de alto desempenho, eles precisam saber sua opinião sobre como os problemas que surgirem serão abordados. Quando virem sua confiança, e até seu entusiasmo, pelas mudanças que estão por vir, saberão que estão no lugar certo.

A integração é uma etapa essencial para confirmar que o recruta é uma ótima opção. No processo de integração, deixe claro que acredita não existir um treinamento único. Isso significa que o treinamento e o crescimento são constantes. Você deve ter uma participação ativa e se certificar de que todos estejam alinhados com a missão da empresa. Você também deve estar ciente dos objetivos pessoais e profissionais de sua equipe, a fim de ajudá-los a se desenvolver rumo ao sucesso em todas as áreas da vida. Ao integrar essas pessoas, informe-as de que você sempre terá tempo para aprender o que é essencial saber alcançar o sucesso, mesmo diante das crises e dos prazos no presente.

Treinamento e desenvolvimento não são apenas essenciais para o avanço nas habilidades de negócios, mas também para as habilidades da vida. Para construir uma equipe que se adapte, improvise e supere, independentemente das circunstâncias, é preciso que ela seja sólida como uma rocha em todas as áreas da vida. Qualidade de vida igual a qualidade de trabalho é talvez o fundamento mais importante para a perseverança e para nunca desistir. Uma equipe que vai bem, tanto no âmbito profissional quanto no pessoal, possui reservas para ir além na hora da batalha. As primeiras vítimas nos tempos difíceis são aquelas que já estavam sofrendo em outras áreas da vida, como na saúde física ou nos relacionamentos em casa.

A negligência nas questões referentes à qualidade de vida afeta a mentalidade da equipe e limita a capacidade dos membros de produzir sob pressão e em tempos de disrupção e de mudança. Como líder coach da equipe, você deve garantir desde o primeiro dia que todos entendam a importância da mentalidade, do crescimento, do treinamento e do desenvolvimento profissional e pessoal. E deve demonstrar isso pelo exemplo. Assim, quando chegar o dia e a hora de usar a abordagem de nunca desistir, a equipe estará pronta para caminhar lado a lado com você na tribulação, e vocês sairão mais fortes e mais aptos a resolver os problemas daqueles a quem servem.

Em última análise, nunca desistir é uma escolha intencional que cada líder coach tem de fazer. A mudança, o desafio e a disrupção estão chegando. Se você conhece e acredita em seu *porquê*, em seu propósito e em sua função de líder coach e está alinhado com os objetivos da missão, da visão e dos valores da empresa, nunca desistir se torna mais que um lema: torna-se o seu batimento cardíaco que ecoará suavemente em seus ouvidos durante a disrupção.

Reflita sobre as seguintes questões:

- Como dar o exemplo por meio de minha atitude e compromisso com o crescimento pessoal e profissional, para que a abordagem de nunca desistir se torne automática sempre que surgirem desafios?
- Como devo preparar minha equipe agora em todas as áreas da vida, para que assumam uma posição de destaque quando surgirem disrupções e desafios?
- Como apoiar e preparar minha liderança para a mudança e a disrupção antes que aconteçam?

CAPÍTULO 12

VIRTUDE 10: MANTENHA-SE FIRME

Tema: *Seja digno de confiança em tempos difíceis.*

Em tempos difíceis, precisamos da postura de uma coluna de guerreiro e de um coração aberto. Liderar com integridade é como um farol no meio de um furacão.

A confiança é o subproduto da integridade.
— Tom Ziglar

Minha esposa e eu tivemos a oportunidade de assistir ao musical *O Rei do show,* com Hugh Jackman no papel principal. A versão cinematográfica é meu filme favorito de todos os tempos. Ele atinge um acorde poderoso em mim porque é uma metáfora para o que fazemos na Ziglar. Ajudamos as pessoas a entender e a acreditar que elas são dignas, com seus dons, talentos e qualidades de caráter que simplesmente precisam reconhecer, reivindicar, desenvolver e usar. Todas as qualidades do sucesso já estão dentro de nós, mas devem ser desenvolvidas.

O rei do show conta a história de P. T. Barnum e como ele montou *O maior espetáculo da terra* com os desajustados da sociedade. A mulher barbada, o gigante, o homem gordo, a mulher tatuada, os pequeninos e uma infinidade de pessoas em condições semelhantes. O filme enfatiza e reconhece a grandeza de cada um deles e lhes oferece um palco para brilhar, mesmo com a rejeição do mundo, que os via como diferentes e indignos. No filme, Barnum transfere sua confiança para eles, e isso os ajuda a se tornarem artistas excepcionais.

Barnum ganhou a confiança da equipe em razão das provações e ataques que teve de aguentar em nome deles. No filme, seu pessoal era ridicularizado e chamado de maluco. Barnum os defendia e ficava do lado eles. Certa vez, quando convidado pela Rainha da Inglaterra para uma audiência, só concordou em ir se toda a sua equipe fosse bem-vinda. Barnum percebeu que sua grandeza dependia da grandeza de seu pessoal.

O hino do filme, "This Is Me", é poderoso. A letra fala por si e repetidamente afirma que, mesmo com nossas cicatrizes e diferenças, somos todos gloriosos. A música faz você perceber que, não importa como alguém pareça ou aja por fora, por dentro ele está se fazendo as seguintes perguntas: "Eu sou suficiente? Tenho o que é preciso? Vou me machucar de novo se me abrir?". Insisto em que você assista ao videoclipe se quiser dar uma elevada em seu espírito.[1]

---

[1] Disponível em: <https://www.youtube.com/watch?v=Rj4Yu9Utdw0>.

No entanto, por mais poderoso que seja o hino, a música e a mensagem são definidas desde o início. A abertura do show ao vivo que assistimos foi mágica: música e apresentações inspiradoras e edificantes, em um crescendo incrível terminando com Jackman no final do prolongamento do palco e no meio da plateia. O queixo erguido, o peito projetado para fora, a coluna reta, os braços abaixados e as mãos para trás, ele estava 100% confiante e 100% vulnerável. Era como se cada centímetro de seu ser estivesse dizendo: "Apresento a vocês minha equipe e estou tão confiante e orgulhoso dela que deixo meu coração aberto para vocês".

Coluna de guerreiro, coração aberto

Quando for capaz de se manter firme como um farol no meio da tempestade, você criará uma confiança incrível na equipe e a levará à produtividade e ao desempenho. A imagem que tenho disso é Hugh Jackman na beira do palco. A postura dele era uma combinação de coluna de guerreiro e coração aberto.

A coluna de guerreiro é representada pelo queixo erguido, pelas costas retas e pelo peito aberto. Não apenas sua postura dizia *this is me* ("este sou eu"), mas também *this is us* ("estes somos nós"). Já fizemos isso, estamos fazendo agora e vamos fazer de novo. Além disso, os braços estavam abaixados e estendidos, com as mãos esticadas para trás. Esse é o coração aberto e significa que ele está totalmente entregue, vulnerável e transparente, sem esconder nada. Com essa pose, você não tem dúvidas de que o personagem Barnum conhece a equipe: cada medo, cada fraqueza, cada força, cada esperança e cada sonho. E fica sabendo que a equipe também conhece tudo isso nele.

E essa é a chave.

Em tempos de disrupção, como líder coach, sua equipe precisa vê-lo de pé, firme na tempestade, no final do prolongamento do palco empresarial. Isso inspira e cria confiança e aumenta o desempenho. Também se requer vulnerabilidade, o coração aberto, pois essa postura gera confiança. A vulnerabilidade começa com você.

Patrick Lencioni, especialista em liderança, observa:

> Quando os membros da equipe confiam uns nos outros, quando sabem que todos são capazes de admitir que não têm a resposta certa e quando estão dispostos a reconhecer que a ideia de outra pessoa pode ser melhor que a sua, o medo do conflito e o desconforto que isso acarreta ficam muito menores. Quando há confiança, o conflito não passa de uma busca pela verdade, de uma tentativa de encontrar a melhor resposta possível. Pensar assim é bom e desejável.
>
> No cerne da vulnerabilidade está a vontade de abandonar o orgulho e o medo e de sacrificar o ego pelo bem coletivo da equipe. Embora isso possa ser um pouco ameaçador e desconfortável no início, no final se torna libertador para pessoas cansadas de desperdiçar tempo e energia pensando demais em suas ações e na gestão da política interpessoal no trabalho.[2]

A confiança é criada por meio da vulnerabilidade e construída sobre o alicerce da integridade.

---

2 LENCIONI, Patrick. **The Advantage**. San Francisco, CA: Jossey-Bass, 2012 [**A vantagem decisiva.** Rio de Janeiro: Sextante, 2021].

O farol, que sobrevive a muitos furacões, precisa ser construído sobre rocha sólida. A integridade é sua base, e a vulnerabilidade é a luz pela qual a confiança brilha mais intensamente.

O poder da identidade: criando confiança por meio da transparência de sua história

Nunca subestime o poder de sua história pessoal. É seu maior patrimônio. Só vim a entender isso plenamente após ler *O código do talento*, de Daniel Coyle. Ele cita um exemplo de um estudo em sala de aula, em que estudantes de matemática foram apresentados a uma nova ramificação da álgebra. A professora explicou que essa ramificação fora descoberta há muito tempo e passou umas breves informações sobre o matemático que a descobriu. Em seguida, explicou como resolver problemas usando a fórmula. No final da aula, foi feito um teste com base nas novas informações, mas houve uma reviravolta. No meio do teste, havia uma breve biografia do matemático, que incluía o aniversário dele. Metade da classe recebeu uma versão do teste em que o aniversário do matemático correspondia ao desses alunos. A outra metade recebeu uma versão em que o aniversário não coincidia. O estudo filmou os alunos enquanto faziam o teste. Os alunos que achavam que seu aniversário coincidia com o do matemático trabalharam nos problemas 30% a mais que aqueles cujo aniversário não coincidia. Incrível, não? Por se identificarem com o matemático, trabalharam mais tempo para resolver os problemas.

Quando as pessoas ouviam Zig Ziglar, pensavam: "Uau! Esse Zig é muito bom. Ele é inteligente, engraçado, carismático, um ótimo orador. Ele conhece todas as pessoas ricas e legais. Ele é bonito, rico, etc. nunca poderei ser como Zig Ziglar". Então papai contava a história dele:

> Nasci em L.A. — Lower Alabama (sul do Alabama) — e fui criado em Yazoo City, Mississippi, durante o auge da Grande Depressão. Eu era o décimo de 12 filhos. Meu pai morreu quando eu tinha 5 anos e fui criado por uma mãe que estudou apenas até o quinto ano. Comecei a trabalhar aos 6 anos vendendo amendoim na esquina, e trabalho desde então. Nunca fui bem na escola. Na verdade, eu pertencia ao grupo que tornava possível a existência da metade mais inteligente! Entrei na marinha depois do ensino médio e em seguida fui para a faculdade — e não fui bem, nem mesmo me formei. Tenho um trabalho de vendas, que não vendeu nada por dois anos e meio. Bem, eu vendi. Vendi meus móveis, meu carro. Você entendeu. Então, um dia, tudo mudou.

Nesse ponto do discurso do papai, era quase possível sentir a mudança no público. As pessoas começavam a pensar consigo mesmas: "Bem, se ele pode, talvez eu possa".

Esse é o poder da identidade. O clima na sala *havia* mudado. "Se ele pode, talvez eu possa". Zig Ziglar já não era mais um especialista com superpoderes: era apenas uma pessoa normal, como todos naquela sala, alguém que teve de superar enormes desafios, como os demais. Agora as pessoas não só faziam anotações, como também passavam a agir. Por se identificarem com ele, empenharam-se 30% a mais em ouvir as recomendações dele, e esses 30% foram suficientes para um resultado positivo. Então, tentaram seguir a próxima recomendação dele e a próxima, até que a vida inteira deles mudou. Você também tem o poder da identidade. As pessoas que você está tentando influenciar precisam conhecer sua história, precisam saber que sua vida nem sempre foi fácil. Você tem cicatrizes, superou grandes desafios e tomou decisões ruins ao longo do caminho. Depois de vê-lo em sua forma real e transparente, elas passam a se identificar com você. E, depois que se identificam com você, tentam seguir suas recomendações com 30% a mais de empenho para obter os resultados.

Não é incrível que permanecer firme requer integridade e confiança e que elas se consolidam pela vulnerabilidade e pela transparência? Para que você, como líder coach, exerça uma influência significativa no desempenho da equipe, ela precisa pôr em prática os planos que você cocria com eles. Depois que eles se identificam com você por causa de suas histórias, após lhes mostrar que você não sabe todas as respostas, que comete equívocos, assume a responsabilidade por seus erros e recorre à ajuda externa quando necessário, eles se tornam muito mais propensos a não apenas agir, fazendo a parte deles, mas a procurar ajuda quando não estão conseguindo progredir.

Permanecer firme na abordagem da coluna de guerreiro e do coração aberto também lhe permitirá melhor acesso os anos de experiência dos quais você está cercado e criar uma propriedade dos objetivos, projetos e planos que você cocriou com a equipe. Amo a história a seguir, que David Mattson relata em seu livro *The Sandler Rules for Sales Leaders*, sobre a propriedade da equipe:

Deixe-me compartilhar o momento exato em que percebi essa verdade fundamental da liderança. Anos atrás, tinha o péssimo hábito de assumir muita coisa e tentar resolver todos os problemas sozinho. Durante uma das nossas sessões de coaching, David Sandler (que dera dicas sobre essa questão várias vezes antes) me perguntou:

— Quantos anos de experiência empresarial você tem, Dave?

Orgulhosamente, respondi:

— Dez.

— E quantos anos de experiência sua equipe tem?

Fiz um cálculo rápido e não muito preciso envolvendo a experiência das 12 pessoas que se reportavam a mim e então disse:

— Duzentos e quarenta.

Ele balançou a cabeça negativamente e o olhou para o teto, pensativo, como se estivesse considerando um intrincado problema de matemática. Eu sabia que quando Sandler fazia isso algum tipo de lição estava a caminho. E ele não decepcionou.

— Então você está dizendo que prefere resolver esse problema com dez anos de experiência que com 240?

Nem precisei responder. A lição era clara.[3]

Como líder coach, você deve entender que permanecer firme significa que a integridade é sua base e a vulnerabilidade é a luz com qual sua confiança brilha mais forte. Se você fizer isso, a produtividade e o desempenho serão ampliados.

---

[3] MATTSON, David. **The Sandler Rules for Sales Leaders.** Annandale, NJ: New Legacy Books, 2017.

- Como você poderia liderar a si mesmo, permanecer firme intencionalmente e ainda ser vulnerável e aberto?
- Que exemplos você pode dar para que os membros de sua equipe se sintam engajados quando a vulnerabilidade for necessária?
- Que perguntas você faria aos seus líderes em reuniões individuais, a fim de revelar sua vulnerabilidade e permitir que você se torne um recurso valioso?

CAPÍTULO 13

CRIANDO O FUTURO

A disrupção está chegando cada vez mais rápido. Que futuro você deseja? Pare um momento e imagine que está assistindo a um filme sobre você mesmo na posição de liderança de seus sonhos. O caos do mundo não importa, porque você está liderando a partir das dez virtudes.

Seus liderados sabem que:

1. A *gentileza* é sua resposta automática às pessoas, independentemente da notícia.
2. Você serve a partir de uma posição de *altruísmo*, ciente de que ajudar os outros ajuda você.
3. Você inicia novos relacionamentos e reafirma os antigos mostrando *respeito* pela pessoa à sua frente.
4. Você exercita a *humildade* quando ouve ideias e aprende coisas novas, e sua curiosidade o conduz a novas e surpreendentes percepções.

5. Você se sai melhor quando a pressão se intensifica, porque o *autocontrole* é uma segunda natureza em você. Na verdade, você aprendeu que enfrentar ataques pessoais com o autocontrole aumenta a influência de sua liderança ao longo do tempo.
6. Você é *positivo*, e eles podem sentir sua atitude positiva. Eles se sentem melhores consigo mesmos e com o futuro sempre que se comunicam com você.
7. Você *busca o melhor* em cada pessoa e em cada situação.
8. Você é *a luz* em tempos escuros e ilumina com clareza o caminho à frente.
9. Você *nunca desiste* deles, nem das esperanças e dos sonhos deles, nem da missão da equipe.
10. Você *se mantém firme*, com uma coluna de guerreiro e um coração aberto, independentemente das disrupções, dos desafios e das mudanças ao seu redor.

Juntas, essas dez virtudes significam que você está liderando de uma posição de amor. Esse amor faz algo poderoso: cria uma atmosfera que permite o florescimento da vulnerabilidade. Quando você e sua equipe se mostram vulneráveis uns aos outros, não há máscaras, não há desculpa e não há necessidade de esconder o que você fez de errado ou o que não sabe. Em tempos de disrupção, os indivíduos e as equipes que se saem melhor são os que rapidamente admitem não estar progredindo, não entender ou ter cometido um erro. Esse rápido reconhecimento do imperfeito permite ajustes rápidos e aprendizado acelerado, o que faz a equipe e a missão progredirem.

Uma nova forma de enxergar a vulnerabilidade

É difícil criar uma atmosfera de vulnerabilidade em um ambiente de escritório tradicional, em que todos passam tanto tempo juntos. Com o decorrer do tempo, mais e mais trabalhos serão feitos remotamente, com pessoas trabalhando em equipes e em projetos de diferentes locais e fusos horários. Esse trabalho assíncrono será muitas vezes registrado em ferramentas de documentos on-line, como Slack ou Google Docs. Se é difícil ser vulnerável no formato presencial, com pessoas com quem você passa horas todos os dias no mesmo escritório, imagine a dificuldade de se mostrar vulnerável em um documento on-line, que ficará visível para sempre!

O trabalho assíncrono que mudará o mundo exigirá vulnerabilidade assíncrona

Acredito que a vulnerabilidade assíncrona é o fruto final do líder coach que vive as dez virtudes em todos os relacionamentos. Quando todos na equipe conseguem ser vulneráveis, não importa onde trabalham ou a que horas do dia, algo mágico acontece: a confiança começa a florescer. A vulnerabilidade assíncrona é simplesmente a confiança não limitada por tempo e espaço. Os líderes coaches criam uma atmosfera de confiança que permite às equipes trabalhar em uníssono, independentemente de onde estiverem seus membros. Simplificando: a confiança não é limitada por "quando" nem por "onde".

Outra maneira de ver isso é que "vulnerabilidade assíncrona" é uma expressão chique para "fé".

Como você é um líder coach que vive as dez virtudes, seu pessoal desenvolve fé em você, neles mesmos e nos outros membros da equipe. Não é incrível que quase todas as crises empresariais sejam realmente crises de fé? Não é ainda mais incrível que a solução para a disrupção nos negócios seja na verdade uma solução para a alma? O amor torna a fé possível, e com amor e fé há esperança no futuro.

> Assim, permanecem agora estes três: a fé, a esperança e o amor. O maior deles, porém, é o amor (1Coríntios 13.13).

Quando as dez virtudes são combinadas com as habilidades do líder coach descritas neste livro, você consegue amar seu pessoal e deixar um legado.

Legado: o objetivo final do líder coach

Legado é ensinar e transferir hábitos que constroem o caráter, a integridade e a sabedoria que irão reverberar por toda a eternidade. O legado é muito mais que repassar conhecimentos: é a aplicação diária desse conhecimento na forma de hábitos que produzem uma vida bem vivida.

Legado é a reputação, o caráter, a integridade e a sabedoria transmitidos com sucesso. Esse conceito realmente atingiu o alvo quando falei com meu amigo Clifton Jolley. Não muito tempo depois de meu pai ter morrido, o dr. Jolley perguntou como eu estava.

Respondi que o legado de papai pesava sobre meus ombros.

Ele retrucou: "Tom, o legado de seu pai está seguro. Não há nada que você possa fazer para denegri-lo. O único legado com o qual deve se preocupar é com aquele que você vai deixar".

Papai equipou-me com mais do que eu jamais poderia esperar, porém meu legado depende de mim. Como líderes coaches, nosso papel é equipar nosso pessoal com tudo que precisam para construir o próprio legado e com a responsabilidade de fazê-lo.

- Legado não é dinheiro: é viver uma vida que produz dinheiro como subproduto de uma vida bem vivida.
- Legado diz respeito a transmissão de hábitos que constroem grandes relacionamentos com familiares, amigos, colegas de trabalho e clientes — e com Deus.
- Legado é preparar aqueles que você ama para crescer ao longo dos desafios mais difíceis da vida.

Como líder coach, seu legado final é como você prepara aqueles a quem lidera e a quem ama para atingirem o potencial máximo capacitando-os e equipando-os a deixar um legado próprio, que reverbere por toda a eternidade. Legado inspira legado.

Uma Palavra Final

O maior deles [...] é o amor.

— 1Coríntios 13.13

Ao condicionar sua mente para se tornar o melhor líder coach possível, incentivo-o a manter a simplicidade ao desenvolver as dez virtudes em você mesmo e ao pôr em prática todas as técnicas e estratégias deste livro. O plano de jogo do líder coach oferece uma sequência utilizável de sucesso, de modo que você possa levar seus liderados a crescer e se preparar.

No entanto, se você fizer isso sem amor, tudo que este livro sugere terá sido em vão. Talvez outra maneira de entender o que é se tornar um excelente líder coach é considerar que apenas uma virtude realmente importa: o amor. Todas as outras são apenas formas de expressar o amor. Afinal, se você ama a si mesmo, aos seus liderados e a Deus, não continuaria expressando esse amor de modo a permitir a si mesmo e aos outros se tornarem as pessoas que Deus quer que sejam?

O próximo nível

Se você estiver pronto para o próximo nível como líder coach transformador, recomendo que pesquise os apêndices deste livro e visite o site www.ZiglarCoachLeadership.com para obter muitos recursos adicionais e saber mais sobre nosso treinamento e nossos programas de liderança coach.

AGRADECIMENTOS

Tenho tantas pessoas a quem agradecer por me ajudarem com este livro! Nos últimos dezoito meses, incontáveis horas foram investidas em pesquisas e conversas com tantas pessoas, de todas as esferas da vida, que me deram percepção e inspiração sobre o que a liderança coach realmente é.

Quero começar agradecendo à minha família imediata: Chachis, Alexandra e Zach, por ouvirem minhas ideias de livros quando estavam presos no carro, à mesa de jantar ou caminhando comigo.

Bruce Barbour, meu amigo, mentor, agente e gênio na arte de escrever de livros, por suas incontáveis horas e milhares de incentivos sobre esta obra.

Toda a equipe da Thomas Nelson, com um agradecimento especial a Jenny Baumgartner e a Janene MacIvor, por fazerem as perguntas mais importantes e polirem o livro com habilidade incrível. Vocês são uma alegria no trabalho em conjunto!

Laurie Magers, por seu incrível apoio e edição, e Cindy Ziglar Oates, pelo incentivo constante ao longo do caminho.

Meu "amigo alguém" Bob Beaudine, com quem pude ter conversas profundas e ao mesmo tempo sonhar um pouco com o livro.

Howard Partridge, amigo, mentor e o melhor coach de pequenos empresários do mundo, que tornou o livro muito mais fácil de entender.

Owen Fitzpatrick, que lançou todo o conceito em um café da manhã, pouco antes da pandemia, e me sugeriu alguns livros para ler e um caminho a explorar.

John Rouse e David Wright, por seu encorajamento e animadas discussões em torno de tudo relacionado a coaching de uma forma que agrade a Deus. Este livro é um reflexo de nossas discussões!

Dr. Rashmi Dixit, por me ajudar a ver como abordar os assuntos delicados da liderança coach, a fim de erguer aqueles que muitas vezes são desconsiderados e de equipar os líderes, para que deixem de lado noções preconcebidas que limitam a eficácia.

Michael Norton, Trenell Walker, Scott Eriksson, Bryan Dodge, Billy Cox, Bob Tiede, Charles Ho e Krish Dhanham, que afiaram meu ferro ao longo dos anos de uma forma única.

Grant Estrade, que não tem medo de me convocar para o propósito de descobrir e testar a base de meu pensamento, a fim de torná-lo mais forte e mais rico no processo.

TJ Johnson, Jason Frenn e Julie Ziglar Norman, cujas vozes ouço em minha cabeça enquanto procuro falar a verdade com amor.

Kevin Miller, o maior apresentador de podcast do país, pelas incontáveis horas em que discutimos as questões mais importantes da vida.

Angie Crellin, que inspira e equipa nossos coaches na Ziglar diariamente, a fim de que se tornem líderes coaches, e me inspirou durante o processo.

Seth Godin, rabino Daniel Lapin, Ken Blanchard e Dave Ramsey, meus mentores por meio da palavra escrita, sempre rápidos em dar orientação e feedback positivo quando pergunto.

APÊNDICE A

PROCESSO COACHING PASSO A PASSO

Você deve ser o tipo certo de pessoa e fazer as coisas certas antes de poder ter tudo que a vida tem a oferecer.
— **Zig Ziglar**

Essa citação é especialmente aplicável aos líderes coaches. Observe a seguir um processo coaching passo a passo (o *fazer*) que lhe permitirá inspirar, desenvolver, ajudar a crescer e liderar uma equipe e empresas de alto desempenho. Acima de tudo, como líder coach, você desejará inspirar seu pessoal a *fazer* isso por si mesmo. O processo que envolve o *fazer* é projetado para ser intencional e levará algum tempo, mas os resultados são exponenciais. Fazer isso de forma eficaz, com mais de cinco subordinados diretos, pode ser um exagero se você tiver outros requisitos de liderança além de ser coach e de ajudar no desenvolvimento do pessoal. O processo que envolve o *fazer* é exponencial, pois o objetivo final é desenvolver líderes que também possam implementá-lo.

Passo 1: Escolha ser um líder coach

Escolher intencionalmente ser um líder coach é o primeiro passo. A chave para isso é evitar ser morno. Você precisa estar totalmente engajado. Isso significa que é preciso desenvolver intencionalmente sua mentalidade, seus hábitos, suas qualidades de caráter e, especificamente, as dez virtudes e habilidades necessárias para que ser líder coach seja o fruto automático de sua vida. Deixe este livro servir como guia enquanto você se torna um incrível líder coach.

Passo 2: Escolha fazer o plano de jogo do líder coach

Para ser um grande líder coach, é preciso um plano de jogo. Assim como no esporte, liderar uma equipe no mundo dos negócios significa enfrentar desafios esperados e inesperados. O plano de jogo que você preparou com antecedência terá enorme impacto em sua capacidade de se ajustar à disrupção.[1]

---

[1] Formulário do Plano de Jogo Ziglar disponível em: <www.ZiglarCoachLeadership.com>. Você está convidado a usá-lo ou pode criar o seu, conforme as necessidades e prioridades de sua organização. Certifique-se de completar o formulário para cada membro da equipe antes de o jogo começar.

Missão da empresa

A declaração de missão da empresa deve estar no topo de seu formulário de plano de jogo, como também internalizada e memorizada. Estando a bordo, trabalhando com os membros da equipe, tenha em mente que a declaração de missão da empresa é seu verdadeiro norte: quanto mais a referenciar, mais probabilidade terá de avançar continuamente em direção a ela.

Missão da equipe

Dependendo do tamanho de sua organização, é possível criar uma declaração de missão para a equipe que descreva em termos específicos como será cumprida. Ela é especialmente útil em organizações com muitos níveis e divisões. Uma declaração de missão da equipe pode conectar melhor o trabalho dos membros ao sucesso geral do negócio.

Descrições de trabalho/função dos membros da equipe e KPI

Como líder coach, você precisa de muita clareza na descrição do trabalho e da função de cada membro da equipe. KPIs identificados (indicadores-chave de desempenho) são essenciais nessa área. À medida que ocorrem mudanças e disrupções, muitas descrições de cargos ficam desatualizadas e não têm mais utilidade. Revê-las regularmente permitirá a você fazer ajustes conforme os membros da equipe se desenvolvem e o trabalho muda.

O método DISC e os membros da equipe

O método DISC é uma ferramenta poderosa para entender os estilos de comunicação dos membros da equipe. Aplicar a Avaliação de Perfil DISC a todos os membros da equipe irá criar um canal de comunicação com cada um deles, da melhor forma possível. Isso é extremamente importante se você tiver uma força de trabalho remota ou híbrida e suas comunicações forem feitas principalmente por videoconferência. Você pode aprender mais sobre a ferramenta de avaliação DISC e obter a sua no seguinte endereço:

www.ZiglarCoachLeadership.com.

Palavras que motivam e se conectam com os membros da equipe

Destaque em seu plano de jogo as palavras que motivam e se conectam com cada membro da equipe, conforme revelado na Avaliação de Perfil DISC. Destaque as palavras, frases e perguntas de cada pessoa específicas dessa avaliação. Também é uma boa ideia anotar o que você nunca deve dizer a um determinado membro da equipe, com base no perfil dele. Anote também as conversas anteriores com membros da equipe e destaque as palavras que deram certo e as que não ajudaram.

Motivadores pessoais dos sonhos e metas dos membros da equipe

Essa seção do formulário do plano de jogo definitivamente evolui com o tempo. No início, os novos membros da equipe podem hesitar em compartilhar seus sonhos e objetivos pessoais. Ele pode estar restrito aos objetivos da carreira ou parecer limitado e pequeno. À medida que você ganha confiança e o relacionamento se constrói, começará a entender os motivadores e os objetivos pessoais de modo geral. Quando aprender algo novo, certifique-se de adicioná-lo à seção, pois pode ser um tema para uma discussão mais aprofundada. Por exemplo, se alguém diz que gostaria de viajar, pergunte qual seria sua viagem dos sonhos. Sua resposta dirá quanto isso o motiva e lhe permitirá ajudá-lo a atingir esse objetivo.

Lembre-se: a realização de metas e sonhos demanda tempo e dinheiro. Quanto mais bem feito o trabalho de alguém, mais rápido ele poderá alcançar seus objetivos e sonhos. Meu livro *Choose to Win* é um ótimo recurso para essa seção. Você pode utilizá-lo para ajudar seu pessoal a ter clareza sobre o *porquê*, os sonhos e as metas deles, baseado no poderoso conceito de crescimento de que "o caminho mais rápido para o sucesso é substituir maus hábitos por bons hábitos".

Atitude dos membros da equipe

Identifique a atitude e os pontos fortes que o membro da equipe já possui e identifique as qualidades de atitude e de caráter que precisam ser trabalhadas, a fim de que ele se destaque em sua função. Diante do desafio e da disrupção, os pontos fortes ou fracos referentes a elas se tornarão aparentes e permitirão que você o treine para desenvolver essa área. (Para mais detalhes, veja a página 263.)

Esforço dos membros da equipe

Na descrição do trabalho do membro da equipe, você deve ter claramente identificadas as atividades que ele precisa realizar para ser bem-sucedido. São esforços e tarefas mensuráveis, que irão prepará-lo para o sucesso. Em uma função de vendas, por exemplo, é comum atribuir-se uma cota a um membro da equipe. O dia de um vendedor pode consistir em diferentes esforços e atividades em torno de pesquisa, chamadas, e-mails, apresentações e propostas. Acompanhar essas atividades diariamente permitirá orientá-lo sobre o tempo a ser gasto em cada atividade, a fim de que o objetivo seja atingido. O esforço do membro da equipe é focado na frequência com que essa atividade é realizada. Certificar-se de que cada um dos membros da equipe sabe exatamente quais são as expectativas com relação a cada atividade é fundamental para o sucesso deles. (Para mais detalhes, veja a página 263.)

Habilidade dos membros da equipe

A habilidade dos membros da equipe diz respeito a identificar as próprias competências e o profissionalismo. A pessoa tem a base de conhecimento e a experiência para realizar todos os aspectos de seu trabalho no mais alto nível? Se com a disrupção e a mudança os níveis de atividade e de esforço permanecerem os mesmos, mas os resultados forem cada vez menores, a primeira coisa a se observar é o nível de conhecimento e de habilidade de cada membro da equipe, a fim de determinar se estão acompanhando o ritmo da mudança no mundo dos negócios. (Para mais detalhes, veja a página 263.)

Passo 3: Escolha fazer o processo coaching do líder coach: descoberta, estratégia, responsabilidade e crescimento

Agora que você tem um plano de jogo feito sob medida para cada membro da equipe, isso estabelece uma referência que lhe permitirá orientar e treinar cada um deles, para que possam maximizar seu desempenho. Quando contratempos ocorrerem por situações pessoais ou por transtornos e desafios no ambiente de trabalho, ter o plano de jogo como referência é um recurso incrivelmente valioso para começar. Na verdade, o membro da equipe pode estar indo muito bem pelos padrões definidos, mas, por estar muito motivado, quer fazer ainda melhor. Com o plano de jogo, você consegue comparar o que era esperado com o que ele fez e criar um novo plano para o que ele pretende realizar. A boa notícia é que não importa se for falta de desempenho ou desejo de melhorá-lo, o plano de jogo permite que o processo coaching do líder coach funcione de forma eficaz. Aqui estão os passos do processo coaching do líder coach:

Descoberta

Na fase de descoberta com o membro da equipe, você deve ser curioso e fazer perguntas sobre o que está acontecendo com relação ao desempenho. Concentre-se na mentalidade, na atitude, no esforço e na habilidade. Você precisará fazer uma reunião em particular com ele, mas deve informá-lo de antemão que o objetivo da reunião é entender onde ele está para então criar uma estratégia e chegar aonde ele quer chegar. Na fase de descoberta, você fará perguntas como:

- Qual seu objetivo para seu desempenho?
- O que o impede?
- O que mudou no seu trabalho?
- O que você gostaria que fosse diferente?
- Quais são as atitudes das pessoas de sucesso nessa área?
- Que atividades e esforços você precisa intensificar?
- De que conhecimento você precisa para ser mais produtivo?
- Em quais habilidades você precisa melhorar?

Lembre-se: como líder coach, sua mentalidade na fase de descoberta é encontrar e atrair o mais capaz dentre os membros da equipe.

Estratégia

A segunda fase do processo coaching do líder coach é a estratégia. A fase de descoberta foi estabelecer a mentalidade e o que precisava ser feito. A estratégia é criar um plano de ação a ser implementado e que permitirá ao membro da equipe mover-se em direção ao seu objetivo sentindo-se proprietário do plano cocriado com você. Em seguida, vêm os componentes necessários para cocriar um plano cuja propriedade será assumida pelo membro da equipe.

Concorde com o desafio. Ao iniciar a fase de estratégia, comece chegando a um acordo sobre o desafio identificado na fase de descoberta. Esse desafio precisa ser escrito e acordado conforme o problema a ser resolvido for avançando.

- *Você consegue alcançar clareza sobre o pensamento e o sentimento do cliente do membro da equipe que enfrenta o desafio?*

  Não importa o papel desempenhado pelo membro da equipe, ele tem clientes que contam com a ajuda dele para resolver problemas. Agentes de atendimento ao cliente, vendedores, suporte, supervisores e cada membro da equipe são responsáveis por fazer o trabalho que ajuda alguém e preenche uma necessidade do outro. Pergunte ao membro da equipe o que o cliente está pensando ou sentindo com relação ao problema ou à solução e o que ele pode fazer para ajudar. Pergunte-lhe o que acontecerá com o cliente se o problema não for resolvido de forma profissional. Se ele tiver clareza sobre o impacto que causará no cliente e o que este sente com relação à vida por causa do problema, ajude-o a entender a importância de combinar a resolução do problema com atitude correta, esforço e habilidade.

No exemplo do HVAC do apêndice C, o membro da equipe identificou que o proprietário do sistema de ar-condicionado quebrado sentia muito calor dentro da casa, estava preocupado com o custo do conserto e não sabia se podia confiar no técnico que estava ali para resolver o problema. O membro da equipe que percebe com clareza quanto o cliente está sendo afetado por um problema pode se preparar com antecedência para aliviar esses sentimentos ao resolvê-lo da melhor forma.

Outro exemplo é o de um vice-presidente de vendas que certa vez trabalhou comigo. Ele enfrentou o desafio de atender três clientes ao mesmo tempo, todos com expectativas diferentes. Os dois primeiros eram clientes internos: a equipe jurídica e a equipe de marketing. Seu trabalho era fazer uma palestra com muitas informações técnicas e orientações legais. A equipe de marketing criou uma apresentação em PowerPoint repleta de jargões técnicos e jurídicos, que resultou em uma chatice. O terceiro cliente era o público da apresentação, que consistia em clientes atuais e futuros. O objetivo da apresentação era desenvolver relacionamentos empresariais mais fortes com os clientes da plateia e marcar compromissos com eles.

Desempenhei o papel de líder coach e perguntei ao vice-presidente como seus clientes (equipe jurídica, equipe de marketing e as pessoas para quem a apresentação foi preparada) estavam se sentindo antes do início da apresentação e como queria que se sentissem no final. Ele disse que o jurídico e o marketing estavam preocupados com a acuidade e que o público provavelmente já estava cansado e entediado antes mesmo de a apresentação começar. Disse-me também que queria satisfazer os clientes internos e criar entusiasmo no público, a fim de marcar compromissos após a apresentação. Como resultado, criou um PowerPoint mais resumido, com slides interessantes, que lhe permitia contar histórias, e manteve a técnica dos slides para a sessão de perguntas e respostas. Dessa forma, ele atingiu o objetivo de estabelecer compromissos e também ficou preparado para responder corretamente a quaisquer dúvidas, o que deixou o jurídico e o marketing muito felizes.

Agora, com base no feedback do membro da equipe e no seu conhecimento e experiência, escreva em detalhes com que tipo de problema o cliente está lidando e como isso está afetando seus pensamentos e sentimentos.

- *O que você quer que o cliente pense, sinta e faça quando o problema for resolvido?*

Peça ao membro da equipe para imaginar a conclusão do trabalho de forma perfeita. O cliente está absolutamente satisfeito, sentindo-se e pensando de forma muito positiva sobre a experiência. Sua confiança é tão alta que ele daria de bom grado um depoimento e recomendações sobre o trabalho realizado pelo membro da equipe.

Criamos o futuro que vemos, e o futuro que queremos criar nesse caso é um cliente completamente feliz e satisfeito. Faça uma lista detalhada de todos os pensamentos, sentimentos e resultados que o cliente terá se o trabalho do membro da equipe for fenomenal.

- *Que atitudes são necessárias para levar o cliente ao resultado desejado?*

Peça aos membros da equipe que identifiquem as atitudes necessárias para se envolver com o cliente e levá-lo do pensamento, do sentimento e do desconforto iniciais, antes de o problema ser resolvido, ao resultado desejado. Faça uma lista detalhada das atitudes que o membro da equipe apresenta. Em seguida, cocrie um plano de ação com os membros da equipe, que inclua maneiras de desenvolver e ampliar as atitudes identificadas.

- *Que esforço será necessário para levar o cliente ao resultado desejado?*

  Pergunte ao membro da equipe sobre o esforço, as atividades e a movimentação necessários para mudar o pensamento, os sentimentos e o desconforto do cliente com relação ao problema antes da abordagem para o pensamento ou sentimento desejado após o problema resolvido. Faça uma lista de ações físicas observáveis, que o cliente possa testemunhar e que levarão ao resultado desejado. Os exemplos podem ser: chegar cinco minutos mais cedo, ser organizado, mover-se com propósito e até deixar o lugar mais limpo e fazer um pouco mais. Em seguida, crie um plano de ação com o membro da equipe, que descreva como ele pode intencionalmente demonstrar essas ações visíveis.

- *Quais as habilidades necessárias para levar o cliente ao resultado desejado?*

  Peça ao membro da equipe para pensar nas habilidades necessárias para melhorar as áreas profissional e relacional na função que exerce. Ele precisa de mais treinamento para ser mais eficaz no trabalho? Examine a descrição do trabalho com ele, e juntos identifiquem as habilidades necessárias para fazer o trabalho com excelência. Pergunte ao membro da equipe como ele se avalia em cada área de habilidade e se acredita que melhorar nessas áreas trará melhores resultados. Agora cocrie um plano de ação com ele referente às habilidades a serem desenvolvidas para melhorar o desempenho.

Lembre-se: não se trata apenas de habilidades técnicas, mas também de habilidades de relacionamento.

Responsabilidade

Depois de cocriar a estratégia com o membro da equipe, defina uma estrutura de responsabilidade que permite a você, como líder coach, verificar e inspecionar o que é esperado. Uma ótima maneira de pôr isso em prática é confirmando uma reunião de acompanhamento que dê ao membro da equipe certo tempo para agir. Dependendo do desafio, esse tempo pode ser um período tão curto quanto o dia seguinte, mas geralmente é cerca de uma semana. O horário da reunião de acompanhamento dependerá da função específica e da capacidade de se implementarem as melhorias em que ele está trabalhando. Uma pergunta simples no final da reunião sobre responsabilidade seria: "Em quais ações diárias você está disposto a se dedicar antes de nos encontrarmos novamente?". Deixe que o membro da equipe assuma o compromisso com as próprias palavras, pois isso criará propriedade e revelará o nível de comprometimento com o plano cocriado com você.

O processo de responsabilização também permite conversas de verificação pelo caminho. Podem ser conversas em pé por cinco minutos no corredor ou reuniões pelo Zoom, apenas para saber como cada pessoa da equipe está indo. Duas perguntas que funcionam muito bem para uma verificação: "Como você está progredindo no plano que criamos juntos?" e "O que posso fazer para ajudá-lo com o plano?". O objetivo da verificação de responsabilidade é certificar-se de que o membro da equipe saiba que você está focado em suas necessidades e que, quando a reunião para discutir o progresso acontecer, você não terá nenhuma surpresa.

Crescimento

Quando estiverem enfrentando desafios, mudanças e disrupção, seu foco principal como líder coach e a mentalidade de cada membro da equipe devem estar voltados para o crescimento. O desempenho no trabalho é sempre um fator importante, e é com razão que a maioria das organizações o usa como indicador de medição. Como líder coach, no entanto, você não pode se concentrar nos resultados se excluir o crescimento. As organizações que agem assim acabam fechando em tempos disruptivos, pois continuam fazendo o que não funciona mais. Por isso, seu objetivo principal é ajudar cada membro da equipe a crescer de forma que, ao enfrentar novos desafios e disrupções, sejam fortalecidos porque aprenderam a treinar a si mesmos no processo pelo qual você os fez passar.

Os membros da equipe cientes dos próprios pontos fortes e fracos e que sabem lidar com eles por conta própria são os únicos que prosperam em tempos de disrupção. Ao implementar esse processo coaching com os membros da equipe, você os estará preparando para serem líderes coaches de si mesmos e dos outros! Isso é extremamente importante na nova força de trabalho remota e híbrida. Dominar uma nova atitude, um novo esforço ou uma nova habilidade é essencial para o desempenho. Ensinar os membros da equipe a identificar por conta própria o que precisam desenvolver em si mesmos é a diferença entre um desempenho mediano e um alto desempenho.

Passo 4: Escolha inspirar, influenciar, transmitir e apresentar

Como líder coach no processo de *ser*, *fazer* e *ter*, você precisará escolher intencionalmente quem você é, como se apresenta e como motiva os outros.

Inspirar

Todos que fazem parte de sua equipe e de sua organização, bem como aqueles a quem você serve, precisam de esperança e de encorajamento. Como líder coach, sua maior contribuição é o crescimento exponencial. E como você poderia multiplicar exponencialmente seu impacto sobre eles? A inspiração é a chave! Inspirar significa dar vida a outra pessoa. Parte de seu hábito diário deve ser identificar pelo menos uma forma pela qual inspirar um indivíduo ou toda a equipe, enquanto eles cuidam do trabalho e da vida. "Como vou inspirar meu pessoal hoje?" é uma ótima pergunta para se refletir ao começar o dia.

Influenciar

Como observa John Maxwell, "liderança é influência, nada mais, nada menos". Como líder coach, às vezes pode ser mais rápido e mais fácil apenas resolver o problema e dizer à equipe o que fazer. Mas o objetivo final é o crescimento do pessoal, por isso é muito melhor fazer perguntas que os ajudem a descobrir a solução. Como líder coach, seu objetivo é orientar e moldar a mentalidade correta. Lembre-se: o fator limitante número um de sua influência é o exemplo que você dá.

Transmitir

Conforme você desenvolve a equipe, surgirão muitas oportunidades para transmitir ideias, conceitos, sistemas, conhecimento e sabedoria que você aprendeu, estudou e usou ao longo da vida e da carreira. A ideia de compartilhar significa incentivar a equipe a receber voluntariamente o que você lhes oferece em vez de abandoná-los ou de ser autoritário com eles. Transmitir vem com uma implicação moral, e as dez virtudes devem ser a base da motivação pela qual você lhes passa novas informações. Uma das maiores coisas que você pode transmitir ou transferir aos membros da equipe é a confiança. Muitas vezes, a convicção de que podem fazer realmente mais do que pensam os leva a fazer mais do que eles pensam que podem!

Apresentar

Como líder coach, você deve estar sempre procurando oportunidades para apresentar ideias e conceitos aos membros da equipe que possam ajudá-los a evoluir para o próximo nível. Ao apresentar uma nova ideia ou conceito, peça permissão, especialmente quando o membro da equipe se sentir frustrado ou preso aos resultados que vem obtendo. Se houver permissão, pergunte o que ele tem feito que não está dando certo. À medida que você se aprofunda na questão, poderá descobrir que os maus hábitos são o fator limitante no desempenho da equipe. Uma das coisas mais poderosas que você pode apresentar nesse momento é a ideia de substituir o mau hábito por um bom hábito. Pergunte ao membro da equipe: "O que aconteceria se você parasse de fazer [o mau hábito] e começasse a fazer [o bom hábito]?"

Passo 5: Escolha ter uma equipe de alto desempenho

Ao optar por realizar as quatro etapas anteriores, você escolheu ter uma equipe de alto desempenho. Ter uma equipe de alto desempenho abrirá um leque com muitas opções. Você conseguirá contribuir e evoluir de maneiras que seriam impossíveis quando a equipe não apresenta alto desempenho. Você pode dar algo que não tem? Claro que não! Qual o melhor presente que você pode dar? Acredito que o presente máximo seja o *legado*.

APÊNDICE B

PLANILHA COACHING

Uma planilha coaching para download está disponível em nossa página de recursos em:

www.ZiglarCoachLeadership.com.

Nome: [Nome do membro da equipe]

Descrição do trabalho: [Faça a descrição completa do trabalho aqui.]

Perfil DISC: [Liste seu perfil de personalidade aqui com a lista de tendências encontradas na Avaliação de Perfil DISC. Você pode usar outras avaliações de perfil se já as estiver usando.]

Palavras que inspiram e se conectam com esta pessoa: [Com base na Avaliação de Perfil DISC, liste as palavras que se conectam e se comunicam com a pessoa.]

Motivadores, sonhos e metas pessoais: [Liste tudo que a pessoa compartilhou com você sobre metas, sonhos e aspirações (conseguir uma promoção, saldar dívidas, comprar um carro, viajar, etc.). Isso permitirá que você se conecte com o que ela faz (o trabalho) para alcançar os objetivos e sonhos.]

Foco de treinamento de habilidades para a semana: [Liste o treinamento que você está fazendo atualmente com a pessoa para que ela possa pôr em prática o que aprendeu.]

Plano de jogo semanal

Atitude: [Liste as atitudes que o membro da equipe identificou como importantes para seu sucesso (veja apêndice C). Idealmente, você desejará que ele escreva como irá trabalhar essas atitudes e por que isso é importante para obter os resultados que deseja. Use a descrição do membro da equipe, em vez da sua, pois isso cria propriedade.]

Foco de atitude para a semana: [Por exemplo: "Sei que você está trabalhando várias áreas de atitude. Em qual delas irá focar nesta semana e como posso ajudar?".]

Esforço: [Atividades necessárias na semana para atingir as metas semanais (por exemplo, chamadas, e-mails, compromissos, propostas, projetos, produtos, planejamento e preparação pré-compromisso). A lista deve ser cocriada com o membro da equipe. Idealmente, tudo ou a maior parte deve ser contribuição dele. Se algo que você acredita ser importante não está na lista, faça perguntas para ajudar o membro da equipe a descobri-lo, em vez de apenas dizer a ele.]

Pergunta que você fará para discutir as expectativas semanais: [Por exemplo: "Qual ação é sua principal prioridade esta semana e como posso ajudá-lo a ser bem-sucedido?".]

Habilidade: [Em qual habilidade específica o membro da equipe está trabalhando durante a semana? Liste as habilidades que ele declarou que gostaria de melhorar para obter os resultados que desejados. Como líder coach, você está focado em ajudar o membro da equipe a crescer, então pode ser apropriado fazer perguntas não apenas sobre as habilidades necessárias para que ele floresça na função atual, mas também sobre as habilidades que precisa desenvolver para avançar na carreira.]

Perguntas que você fará para discutir o desenvolvimento dessa habilidade: [Por exemplo: "Qual das habilidades listadas traria os melhores resultados, se você pudesse dominá-la esta semana? Como posso ajudá-lo a desenvolver essa habilidade?".]

Modelo mental: [Antes de ter uma conversa coaching com o membro da equipe, revise a planilha de treinamento preenchida em reuniões anteriores e reserve um minuto para fazer um modelo mental. Durante esse tempo, imagine como deseja que a conversa se desenvolva e quais perguntas ele pode fazer. Reflita sobre o que está funcionando bem para ele e sobre as áreas com as quais possa ter dificuldades. Seus relacionamentos com os outros membros da equipe, os líderes e os clientes são positivos? As coisas vão bem em casa? Ele está progredindo em direção aos objetivos pessoais? A atitude, o esforço e a habilidade seguem rumo ao crescimento? Que perguntas você poderia fazer para aumentar a propriedade e a ação em direção aos objetivos?]

APÊNDICE C

EXEMPLO DE CONVERSA COACHING

Coach: Oi, John! Obrigado por se encontrar comigo. Aprecio tudo que você tem feito durante estes tempos desafiadores. Sou grato por sua contribuição e quero que saiba que está fazendo a diferença. Como você está?

John: Estou bem. Estamos vivendo tempos interessantes, não?

Coach: Sim, estamos. Sua família está bem? Sei que crianças frequentando as aulas em casa é uma grande mudança.

John: Estamos nos ajustando. Parte disso tem sido difícil, mas em comparação com tantos outros estamos indo muito bem.

Coach: Isso é bom. A razão pela qual queria me encontrar com você é que tenho pensado sobre nosso negócio e nossos planos para o próximo ano, e queria saber sua opinião e ouvir de você algumas ideias no que se refere aos seus objetivos. Vejo muitas oportunidade para você e para nosso negócio e quero certificar-me de que estamos no caminho certo. Tudo bem se eu fizer uma pergunta?

John: Claro, vá em frente.

Coach: Ao chegarmos ao fim deste ano, gostaria de perguntar se no próximo ano você quer ganhar mais dinheiro, o mesmo dinheiro ou menos dinheiro?

John: É uma pergunta capciosa? Claro que quero ganhar mais dinheiro no próximo ano!

Coach (com um sorriso): Sim, suponho que seja uma pergunta fácil. A boa notícia é que quero pagar mais a você. E, claro, para isso o negócio precisa estar indo bem, e você tem de ser uma razão pela qual o negócio está indo bem. Pensei que seria bom falar sobre um plano que o capacite a ganhar mais dinheiro no próximo ano. Parece justo?

John: Pagar-me mais sempre me parece justo! O que você quer que eu faça?

Coach: Antes de abordarmos o que e como, você pode me dizer por que quer ganhar mais dinheiro? Existe algo específico ou especial que um pouco mais de dinheiro lhe permitiria fazer?

John: Contas a pagar, principalmente, e algumas dívidas de cartão de crédito. Mais dinheiro seria uma grande ajuda com relação a isso.

Coach: Depois de cuidar disso, você usaria o dinheiro em algo mais?

John: Bem, minha esposa e eu realmente gostaríamos de economizar para darmos entrada em uma nova casa e sairmos do aluguel.

Coach: Fantástico! Vocês já têm algo em mente ou só começaram a discutir isso recentemente?

John: Já estamos conversando sobre isso há algum tempo, mas parece muito fora de alcance, por causa da incerteza.

Coach: Entendo. Lembro-me de como me senti quando compramos nossa primeira casa. Pode ser bem assustador. Existe alguma outra coisa além do dinheiro que o impeça de conseguir sua casa?

John: É principalmente o dinheiro. Mas realmente não faço ideia de como o processo funciona, nem quanto podemos pagar, nem onde conseguir um empréstimo ou um agente imobiliário confiável. Acho que tenho muitas perguntas que não valem a pena ser feitas enquanto eu não conseguir o dinheiro.

Coach: Era assim que eu pensava também, até que um bom amigo me disse algo que mudou meu pensamento e permitiu que eu conseguisse uma casa vários anos antes do que pensava ser possível. Ele me disse para eu escrever exatamente o que queria na casa dos meus sonhos e depois elaborar um plano para obtê-la. Ele me deu o Planejador de Desempenho da Zig Ziglar para que eu usasse, e isso realmente me ajudou. Percebi que precisava de um orçamento e de muita instrução sobre como funciona a compra de uma casa. Mas a maior mudança para mim foi que a casa dos meus sonhos estava tão bem definida em minha mente, e meu plano era tão sólido que pude resistir às compras por impulso e às decisões de curto prazo que atrasariam a compra. Antes que eu percebesse, estávamos nos mudando para aquela casa! Você gostaria que eu conseguisse um Planejador de Desempenho para você? Adoraria ajudá-lo como puder.

John: Sim, isso significaria muito para mim.

Coach: Considere feito! Agora, gostaria que desenvolvêssemos um plano de trabalho, de acordo com o que faz sentido para você, para que possa ganhar mais dinheiro. Gosto realmente da Fórmula de Desempenho Ziglar, descrita em *Choose to Win*. Simplesmente diz que atitude vezes esforço vezes habilidade é igual a desempenho. Em outras palavras, nossa atitude para com nossos clientes e uns para com os outros afeta nosso desempenho, assim como nosso esforço e a pressa e assim como nosso nível de habilidade e profissionalismo. Esses três multiplicados juntos constroem ou quebram um negócio. Temos de ser bons nos três, porque se algum deles for ruim iremos perder clientes e deixar de receber referências. Isso faz sentido, John?

John: Sim, acho que sim. Você poderia, talvez, explicar como funciona com relação à atitude, para que eu possa entender melhor? Acho que tenho uma boa atitude, então não tenho certeza quanto aonde você está querendo ir com isso.

Coach: Com certeza. E você tem uma boa atitude. Só acho que podemos abordá-la de uma perspectiva diferente e criar uma atitude excepcional para com nossos clientes e uns para com os outros. Nossa atitude é a maneira como abordamos os outros, e isso inclui nossas palavras, expressões, tom, entusiasmo e presença. Tenho outra pergunta para você. Quando você entra em uma casa cujo ar-condicionado está quebrado e lá dentro parece uma sauna, o que você acha que o proprietário está pensando e sentindo quando você começa a falar com ele?

John: É fácil. Lido com isso todos os dias. Ele está se perguntando quanto tempo levará para consertá-lo, está preocupado quanto o conserto vai lhe custar e está pensando se pode confiar em mim.

Coach: Conte-me mais.

John: Eles também se perguntam se vou fazer um bom trabalho e consertar o aparelho direito. E, se for uma mulher, é comum estar preocupada com a segurança da família, já que não me conhece. Às vezes, sinto como se estivessem me comparando com o último prestador de serviço a estar na casa deles, e geralmente isso não é bom, porque já tiveram experiências ruins.

Coach: Perfeito. Acho que você abordou os principais sentimentos e pensamentos de um típico cliente nosso em uma situação assim. E, já que entende como o cliente se sente quando você chega, que atitudes suas poderiam deixar o cliente à vontade e o ajudariam a obter uma avaliação cinco estrelas?

John: Acho que começa no momento em que chego lá. Como sei que os níveis de preocupação e receio são altos, minha atitude e meu comportamento precisam ser educados, otimistas, corteses e confiantes. Qualquer coisa que eu possa fazer para deixá-los à vontade, construir confiança e informá-los que sou um profissional será essencial.

Coach: Então quais as atitudes mais importantes a serem exibidas, na sua opinião?

John: Nunca pensei nisso dessa maneira. Creio que empatia, confiança e se mostrar presente, esperançoso, encorajador, confiável e profissional.

Coach: Fantástico! Agora, como você poderia preparar e desenvolver essas atitudes antes de tocar a campainha do cliente?

John: Não tenho certeza do que você está perguntando.

Coach: Como você poderia ser intencional em transmitir ao cliente empatia, confiança, presença, esperança, encorajamento, confiabilidade e profissionalismo?

John: Ah, entendi! Acho que começa na noite anterior. Certificar-me de dormir o bastante para me preparar sem pressa de manhã. Se eu revisar as notas de chamada de serviço antes de sair e chegar cedo, eles saberão que estou focado neles. Posso garantir que o furgão esteja limpo e abastecido, então a chamada de serviço tem a melhor chance de ser concluída em uma única viagem.

Coach: Bom. O que mais?

John: Sei que você está sempre ouvindo histórias inspiradoras e programas educacionais enquanto dirige, então posso fazer a mesma coisa para garantir que minha atitude de encorajamento e esperança seja bem alimentada.

Coach: Bom. O que você pode fazer para criar confiança, confiabilidade e mostrar profissionalismo pela atitude?

John: Em minha conversa inicial com o cliente posso agradecer-lhe por confiar em nós o suficiente para nos ligar. Posso mostrar que tomaram a decisão certa informando há quanto tempo estamos no negócio e que nosso objetivo é sempre oferecer uma experiência fenomenal aos clientes, a fim de receber uma avaliação cinco estrelas mais facilmente e recomendações aos amigos dele. Posso então lhe mostrar a lista de verificação, dizer como podemos diagnosticar o problema e como iremos mantê-lo informado, fazer perguntas sobre o que está acontecendo e em seguida comunicar a ele o que descobrimos e as possíveis soluções.

Coach: Fantástico! Você realmente entende como a atitude define o tom para deixar um cliente à vontade, e é o primeiro passo para criar um fã incondicional. Por que você não dedica um minuto a escrever as ações que irá tomar para criar a atitude que acabamos de discutir?

John: Ok. Já tenho as anotações aqui. O que acha? [Ele apresenta lista de ações.]

Coach: Perfeito. Exatamente o que você imaginou e que nós discutimos. Agora vamos falar da segunda parte da Fórmula de Desempenho Ziglar. Esforço. Como você se lembra, a fórmula é: atitude vezes esforço vezes habilidade é igual a desempenho. Como você planeja demonstrar seu esforço ao cliente, que resultará em sua satisfação e fará com que ele nos dê uma avaliação cinco estrelas e nos recomende?

John: Acho que demonstrar esforço tem a ver com todas as pequenas coisas que podemos fazer. É chegar na hora. Cuidado com a limpeza (colocando as pantufas de pano sobre os sapatos). Deixar a área mais limpa do que quando a encontramos. Mover-se rapidamente e com propósito, mas sem parecer tão apressado. Mantê-los informados sobre nosso progresso exige um pouco de esforço extra. Até mesmo manter um acompanhamento depois de sairmos, para ter certeza de que todas as expectativas dele foram superadas, seria um bom toque e exigiria também um pouco de esforço extra.

Coach: Parece que você tem o conceito de esforço bem definido. Nossos clientes comentam regularmente sobre como você realmente se esforça. Você escreveria abaixo do item "Esforço" as coisas que irá fazer? Pretendo compartilhar isso com o resto da equipe!

John: Aqui está! É isso que você estava querendo? [Ele apresenta lista de ações.]

Coach: Sim. Exatamente o que eu estava procurando: um ótimo plano de esforço. Agora vamos falar sobre a terceira parte da fórmula. Habilidade. Quais habilidades você poderia demonstrar ao cliente que aumentariam a confiança dele em nós como fornecedor de serviços?

John: É aqui que acho que preciso de ajuda. Eu me considero muito bom como técnico, pois faço isso há muitos anos. Mas existem alguns sistemas que não me deixam tão confortável e com que deparo de vez em quando. Eles levam mais tempo para consertar do que deveriam, e às vezes preciso ligar para você e pedir ajuda. Sei que isso cria incerteza para o cliente e estresse desnecessário. Preciso de treinamento adicional sobre esses sistemas.

Coach: Fale-me em quais sistemas HVAC você precisa de ajuda, e vou agendar um treinamento para você. Além disso, da próxima vez que você tiver uma chamada com um desses sistemas me avise, que eu irei com você para lhe dar treinamento enquanto trabalhamos. O que mais com relação à habilidade?

John: Bem, para ser honesto, fico desconfortável quando se trata de relatar ao proprietário os problemas que encontramos e as soluções recomendadas. Como você sabe, na maioria dos casos encontramos várias coisas que precisam ser corrigidas, e a solução mais barata nem sempre é a melhor, já que muitas vezes significa que teremos de voltar e consertar a unidade novamente, e o dinheiro gasto anteriormente foi desperdiçado. Não quero dar a impressão de estar pressionando, mas gostaria de apresentar com mais confiança o melhor caminho.

Coach: John, esse é definitivamente o motivo certo. O que for melhor para o cliente. Como você gostaria de ser tratado se fosse o proprietário nessa situação? Iria desejar que lhe fosse apresentada a opção mais barata ou a melhor opção?

John: Gostaria de conhecer todas as opções e então, com base na condição da minha unidade de ar-condicionado, decidir qual solução valeria mais a pena. Gostaria que o especialista recomendasse a melhor opção para mim e ainda me desse escolhas.

Coach: Sim! Então que habilidades você precisa desenvolver para dar ao nosso cliente essa experiência?

John: Preciso ficar realmente confortável e confiante em apresentar ao cliente opções que o instruam, em informar minha recomendação e, finalmente, em apresentar a escolha da preferência dele, que provavelmente significa muito ele.

Coach: Excelente! Isso soa muito bom e parece um tanto familiar.

John (com um sorriso): Sim, é verdade. É assim que você nos ensina há muito tempo. Por que parece tão boa ideia agora quando antes parecia um roteiro mecânico?

Coach: Será que você está começando a entender que as vendas e o processo de serviço não são algo que você faz para alguém, mas algo que você faz por alguém? Nossos clientes nos chamam porque têm um problema, e nosso trabalho é ajudar a tirá-los do problema e fazer o que pudermos para evitar problemas futuros, com o mais alto grau de integridade e com a melhor atitude, esforço e habilidade. Agora, escreva o que você fará para desenvolver essas habilidades em si mesmo. Quero ver no que você vai pensar.

John: Aqui está. Diga-me o que acha. [Ele apresenta a lista de ações.]

Coach: O que você escreveu aqui está perfeito. Seu plano para desenvolver a atitude, o esforço e a habilidade está correto. Você acredita que se puser em prática este plano obterá mais avaliações cinco estrelas e mais recomendações?

John: Sim, acredito. Gosto dele porque cobre todas as coisas que posso controlar.

Coach: O que significaria para você ter mais referências e avaliações cinco estrelas?

John: Espero que isso ajude nosso negócio a crescer e que eu receba um bônus em dinheiro, por ser uma parte fundamental desse crescimento. Além disso, à medida que aprimoro minhas habilidades, torno-me mais valioso para o negócio, o que é bom para nós dois. (Sorriso malicioso.)

Coach: Por que aumentar seu valor para o negócio, melhorar suas habilidades e ganhar mais dinheiro é importante para você?

John: Porque se eu fizer isso minha segurança no emprego aumenta e fico mais perto de ter minha casa.

Coach: Concordo plenamente. Agora você está trabalhando para realizar seu sonho, não apenas por um salário. É um motivador poderoso. Uma última pergunta.

John: Claro.

Coach: Tudo bem se eu o responsabilizar pelo plano que você criou?

John: Sim. Com certeza.

Coach: Ótimo! Sei que você terá o melhor ano de todos. Vou agendar uma breve reunião de verificação com você a cada semana, logo antes ou logo após nossa reunião de equipe regular, para que eu possa ter certeza de que estou dando a você o suporte necessário e para garantir que seu plano esteja funcionando de forma excelente. Parece bom para você?

John: Sim!

APÊNDICE D

ANÁLISE DISC DE PERSONALIDADE

Uma ferramenta poderosa para entender as pessoas usando o conceito de personalidade DISC

Cada pessoa tem traços de personalidade únicos.
— DR. ROBERT ROHM

A perspectiva de cada pessoa é construída sobre quem ela é. Algumas pessoas chamam isso "personalidade", e outras se referem a ela como "temperamento".

Já percebeu quanto sua família, amigos e colegas de trabalho podem ser diferentes de você? Se você for como eu, já deve ter se perguntado: "Por que eles fazem isso?" ou "Em que eles estavam pensando?". O ponto de partida para entender as pessoas é perceber e aceitar um fato simples: ninguém é igual a você!

Você já disse a mesma coisa para duas pessoas e recebeu duas reações totalmente diferentes? Como dizer as mesmas palavras pode produzir resultados tão diversos? Porque cada pessoa o "ouviu" de maneira diferente, com base em seu estilo de personalidade. Você disse a mesma coisa, mas o que eles "ouviram" foi diferente.

Diferente não é ruim, é apenas diferente. A falta de compreensão em nós mesmos e nos outros pode levar a problemas reais, como tensão, desapontamento, sentimentos feridos, expectativas não atendidas e má comunicação. Como você sabe, é difícil trabalhar com um problema, especialmente se você não entende o que está acontecendo na mente da outra pessoa.

Há uma forma simples de entender as pessoas

Na corporação Zig Ziglar, acreditamos que o Modelo DISC de Comportamento Humano ajuda a entender como as pessoas se comportam e o que as motiva. Esse conceito permitirá desvendar o mistério por detrás do desenvolvimento de boas habilidades interpessoais e da criação de melhores relacionamentos. Pode ajudar você a reduzir conflitos, a melhorar a produtividade e a se relacionar com os outros mais efetivamente.

Alguns antecedentes do Modelo DISC de Comportamento Humano

Há 2.400 anos, cientistas e filósofos, sendo Hipócrates o mais notável, começaram a reconhecer e a categorizar as diferenças de comportamento, que pareciam seguir um padrão.

Desde então, muitos psicólogos e cientistas vêm explorando os padrões comportamentais. O dr. William Marston escreveu *As emoções das pessoas normais* em 1928, após obter o doutorado na Universidade de Harvard. Marston teoriza que as pessoas são motivadas por quatro impulsos intrínsecos, que direcionam padrões comportamentais. Ele usou quatro características descritivas para tendências comportamentais, representadas por quatro letras do alfabeto: D, I, S e C. Assim, o conceito de "DISC" foi introduzido.

Construindo um modelo de bem-estar

Muitos modelos comportamentais concentram-se no que há de errado com a pessoa para identificar transtornos de personalidade. O modelo DISC é baseado no comportamento normal, não em comportamento anormal. É um modelo de bem-estar objetivo e descritivo, em vez de subjetivo e crítico. Portanto, é uma forma prática de entender a si mesmo e aos outros ao seu redor nas configurações comuns da vida cotidiana.

Uma abordagem positiva

O modelo DISC de bem-estar é uma boa estrutura para entender as pessoas. Deve ser usado de forma positiva para encorajar a pessoa a ser seu melhor, não como uma forma de rotular alguém.

Relacionamentos saudáveis e positivos vêm de uma compreensão precisa de si e dos outros. O DISC é uma ferramenta poderosa para obter uma nova apreciação de nossos estilos de personalidade e seus efeitos em nossa vida cotidiana.

Aplicamos o modelo DISC com quatro ideias principais, que permitem seu uso adequado como uma ferramenta eficaz e encorajadora:

- Usamos uma abordagem positiva para destacar e encorajar a pessoa em seus pontos fortes.
- Usamos uma abordagem positiva para abordar os possíveis pontos cegos da pessoa sem pressupor que exista alguma fraqueza.
- Reconhecemos que cada pessoa tem uma mistura única dos principais traços de personalidade, em maior ou menor grau.
- Reconhecemos que os padrões comportamentais são fluidos e dinâmicos conforme a pessoa se adapta ao seu ambiente.

Tenho um ditado: "Suas forças devem carregá-lo, enquanto seus pontos cegos devem preocupá-lo". Ser capaz de identificar e articular seus pontos fortes pode ser muito fortalecedor. Ser capaz de identificar e descobrir pontos cegos também. As próximas páginas podem ser o início de seu processo de descoberta empoderadora.

Agora que você sabe de onde veio o conceito DISC e a importância de uma abordagem positiva e flexível, vamos dar uma olhada no Modelo DISC de Comportamento Humano.

Esse modelo é baseado em duas observações fundamentais sobre como as pessoas normalmente se comportam:

Observação 1: Algumas pessoas são mais extrovertidas, enquanto outras são mais reservadas. Você pode pensar nessa característica como o motor ou ritmo interno de cada pessoa. Algumas pessoas sempre parecem prontas para mergulhar fundo rapidamente. Elas acionam o motor rapidamente. Outras tendem a engatar o motor mais lentamente ou com mais cautela.

Observação 2: Algumas pessoas são mais orientadas por tarefas, enquanto outras são mais orientadas por pessoas. Você pode pensar nisso como cada foco externo da pessoa ou como a prioridade que os guia. Algumas pessoas são focadas em fazer as coisas (tarefas); outras estão mais sintonizados com as pessoas ao seu redor e com seus sentimentos.

Em ambas as observações, queremos enfatizar que essas tendências comportamentais não são certas ou erradas, boas ou más. São apenas diferentes. Estamos simplesmente identificando estilos normais de comportamento. Pessoas têm estilos diferentes, e tudo bem.

Os quatro principais traços de personalidade

Em análise, temos quatro tendências comportamentais que nos ajudam a caracterizar pessoas:

- Extrovertido
- Reservado
- Orientado por tarefas
- Orientado por pessoas

Toda pessoa apresenta algumas dessas quatro tendências em momentos diferentes e em situações diferentes.

No entanto, a maioria normalmente apresenta apenas uma ou duas dessas tendências, que parecem se encaixar bem em seu comportamento cotidiano. Em contrapartida, uma ou duas dessas tendências geralmente não se encaixam bem e podem até parecer "estranhas" à sua abordagem da vida. O equilíbrio dessas quatro tendências molda a maneira como cada pessoa vê a vida e as pessoas ao seu redor. Ao combinar os dois diagramas a seguir, podemos mostrar quatro quadrantes básicos do círculo, conforme apresentado na figura. Assim, os quatro traços básicos de personalidade emergem de nosso diagrama correspondente aos quatro quadrantes do círculo (no sentido horário):

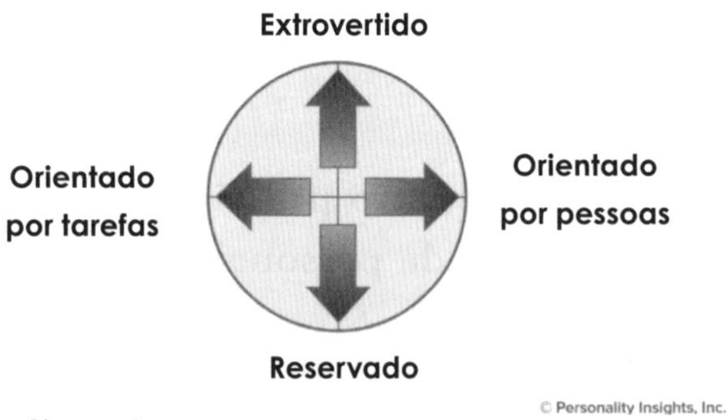

Diagrama 1

- Extrovertido e orientado por tarefas (quadrante superior esquerdo)
- Extrovertido e orientado por pessoas (quadrante superior direito)
- Reservado e orientado por pessoas (quadrante inferior direito)
- Reservado e orientado por tarefa (quadrante inferior esquerdo)

Obtenha a avaliação exclusiva aqui

Acrescentaremos a seguir termos descritivos para cada um dos quatro principais tipos de personalidade que aparecem no diagrama. Os termos descritivos começarão com D, I, S e C.

Descrevendo cada estilo de personalidade

Existem quatro tipos de personalidade, com quatro prioridades diferentes. Observe que as letras D, I, S e C aparecem nos quatro quadrantes do círculo na figura abaixo. Você também notará que os termos descritivos foram adicionados em cada um dos quatro cantos do diagrama. Agora podemos descrever melhor cada um dos quatro principais estilos de personalidade:

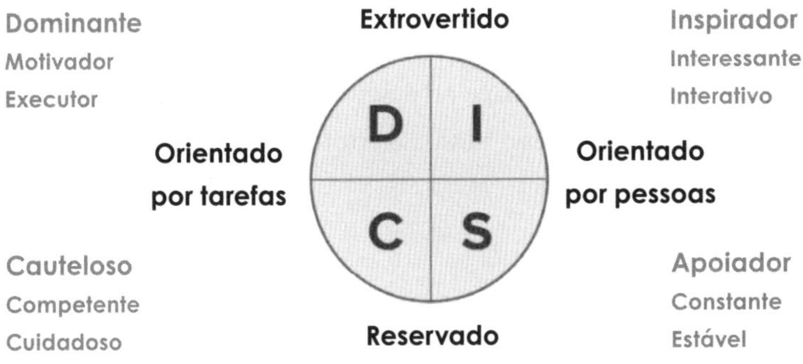

Diagrama 2

Termos descritivos D-I-S-C

1. **O tipo "D" — dominante.** O indivíduo extrovertido e orientado por tarefas estará focado em fazer as coisas, realizar tarefas, chegar à linha de fundo o mais rápido

possível e "fazer acontecer"! A percepção-chave no desenvolvimento de um relacionamento com esse tipo de pessoa é respeito e resultados.

2. **O tipo "I" — inspirador.** O indivíduo extrovertido e orientado por pessoas adora interagir, socializar e se divertir. Ele está focado no que os outros podem pensar dele. A percepção-chave no desenvolvimento de um relacionamento com esse tipo de pessoa é admiração e reconhecimento.
3. **O tipo "S" (Supportive) — apoiador.** O indivíduo reservado e orientado por pessoas gosta de relacionamentos, de ajudar ou apoiar outras pessoas e de trabalhar em equipe. A percepção-chave no desenvolvimento de um relacionamento com essa pessoa é amizade e apreciação sincera.
4. **O tipo "C" — cauteloso.** O indivíduo reservado e orientado por tarefas busca informações de valor, consistência e qualidade. Ele se concentra em ser correto e preciso. A percepção-chave no desenvolvimento de um relacionamento com essa pessoa é confiança e integridade.

SOBRE O AUTOR

Tom Ziglar é o orgulhoso filho de Zig Ziglar e CEO da Ziglar, Inc. Ele ingressou na Zig Ziglar Corporation em 1987, e foi subindo na empresa, do almoxarifado, para o setor de vendas, daí para o gerenciamento e finalmente para o setor de liderança. Hoje ele faz palestras pelo mundo todo, apresenta o *The Ziglar Show*, um dos podcasts de negócios mais bem classificados e dá continuidade à filosofia Ziglar: "Você pode ter tudo o que quiser se fizer esforços para ajudar outras pessoas a terem o que elas querem". Ele e a esposa, Chachis, têm uma filha e residem em Plano, Texas.

Esta obra foi composta em *Bembo Std*
e impressa por Gráfica Reproset sobre papel
Chambril Avena 70 g/m^2 para Editora Vida.